Unterwegs auf der Straße der Staufer

Unterwegs auf der

Straße der Staufer

UWE KRAUS

DRW-VERLAG

UNTERSTÜTZT
DURCH DIE

STIFTUNG

ISBN 3-87181-385-0

Gesamtherstellung: Karl Weinbrenner & Söhne GmbH & Co.,
Leinfelden-Echterdingen
Umschlag: Berthold Gauder
Titelbild: Rainer Fieselmann, Eningen
Karten auf der Rückseite: Touristik-Gemeinschaft Schwäbische Alb,
Eberle Werbeagentur GWA

Bestellnummer: 385

INHALT

DIE STRASSE DER STAUFER

Nicht unumstritten:
Das Stauferjahr 1977

»No nei ins Schtauferjohr!« (Nur hinein ins Stauferjahr), so kommentierte der Kolumnist einer schwäbischen Regionalzeitung zu Beginn des Jahres 1977 das Ereignis, welches diesem Jahr in der Chronik des Bundeslandes Baden-Württemberg seinen speziellen Stellenwert geben sollte. Im März dieses Jahres beging Baden-Württemberg den 25. Jahrestag seiner Entstehung als neues Bundesland, ein Jubiläum, welches natürlich gebührend gefeiert werden sollte – oder etwa mußte? Denn, so wußte der Kolumnist weiter zu berichten, »weil mr in eiserm (unserem) Wappa (von Baden-Württemberg) die Stauferlöwa hent, no isch nimme weit zuama (zu einem) Schtauferjohr ... wo se eis (uns) vo oba ra verordnet hent.« Bereits aus diesem Kommentar läßt sich unschwer herauslesen, daß dieses »vo oba ra verordnete« Stauferjahr wohl nicht weniger umstritten war, als der aus badischen, württembergischen und hohenzollerischen Landesteilen gebildete neue Südweststaat bereits 1952 im Jahr seiner Entstehung. Von den historischen Bezügen her war 1977 tatsächlich kein Stauferjahr, also kein Jahr, in dem ein besonderes Ereignis aus der Stauferzeit selbst zum Feiern oder Gedenken angestanden wäre. Fiel die Wahl demnach, wie in einem anderen Zeitungskommentar zum Stauferjahr zu lesen stand, nur »aus praktischen und politischen Gründen auf 1977«?

Immerhin waren die Regionen des heutigen Baden-Württemberg doch in der Zeit der Staufer, also im 12. und 13. Jahrhundert, unter der Herrschaft der staufischen Herzöge von Schwaben bereits schon einmal weitgehend zusammengefaßt und schließlich, so erzählt uns die Sage, verdankt der Landesteil Württemberg letztendlich einer Staufertochter seinen Namen. Diese schöne Jungfrau, eine Tochter des großen Kaisers Barbarossa, hatte sich nämlich in einen zwar hübschen, doch unstandesgemäßen Knappen

Der sogenannte „Cappenberger Kopf“, ein Kopfreliquar, das Friedrich Barbarossa darstellen soll.

The bust known as the “Cappenberger Head”; a reliquary which is intended to represent Frederick Barbarossa.

verliebt. Da eine Zustimmung des Kaisers zu dieser Verbindung kaum zu erwarten war, flohen die Liebenden und ließen sich schließlich am Neckar zu Füßen des Rotenberges nieder, wo sie eine Herberge betrieben. Nach vielen Jahren kehrte Kaiser Barbarossa, als er wieder einmal in Schwaben weilte, beim »Wirt am Berg« ein, wie die Herberge genannt wurde. Wie es nicht anders kommen konnte, erkannten sich Vater und Tochter trotz der langen Zeit der Trennung und natürlich verzieh der Kaiser, in seinem Glück über die wiedergefundene Tochter, den Liebenden. Ja, er schenkte dem Paar sogar den Rotenberg und erhob den einstigen Knappen in den Grafenstand. Den Namen »Wirt am Berg« sollte er aber weiterführen. Der neue Graf erbaute später dann auf dem Rotenberg eine feste Burg und wurde zum Stammvater des Hauses und damit zum Namensgeber des Landes Württemberg.
Somit haben wir also en passant doch drei Beziehungen der Staufer zu Baden-Württemberg feststellen können: Das Geschlecht stellte über fast 200 Jahre hinweg die Herzöge von Schwaben, ihr Wappen (drei schwarze Löwen im goldenen/gelben Schild) bildet seit 1952 das Wappen des Bundeslandes Baden-Württemberg und der Landesteil Württemberg verdankt – zumindest der Sage nach – seinen Namen der Tochter eines Stauferkaisers. Und ob nun 1977 zu Recht oder aus »politisch-praktischen« Erwägungen heraus ein Stauferjahr war, sollte rückblickend auch nicht mehr der Maßstab der Beurteilung sein. Zwei Dinge jedenfalls, die mit dem Stauferjahr 1977 in Zusammenhang stehen, sind es, die weit über das Jahr hinaus geblieben sind: Die 1977 zusammengestellte große Landesausstellung »Die Zeit der Staufer«, welche nicht nur wegen ihres fünfbändigen Katalogs und ihrer zahlreichen einmaligen Exponate Maßstäbe gesetzt hat für viele folgende historische Ausstellungen der letzten 20 Jahre sowie die Gründung der »Straße der Staufer«, die nun 1997 bereits ihr 20jähriges Bestehen feiern kann.
Über zwei Jahrzehnte hinweg hat vor allem diese Touristikroute dazu beigetragen, die Geschichte der Staufer und ihrer Zeit nicht nur wachzuhalten, sondern in der unmittelbaren Heimat dieses schwäbischen Kaisergeschlechts, im Stauferland, erlebbar zu machen.

20 Jahre jung – die Straße der Staufer

Dabei hatte es mit der Straße der Staufer alles andere als schwäbisch-gemütlich angefangen. Ausgehend von der Idee des damaligen Göppinger Oberbürgermeisters Dr. König, eine solche Straße im Stauferjahr 1977 einzurichten, waren zunächst beträchtliche Widerstände bei Behörden zu überwinden, bis die »hoheitliche Genehmigung« vorlag. Und erst nachdem Dr. König schließlich persönlich beim Staatsministerium in Stuttgart vorstellig geworden war, gelang es, die Beschilderung der Strecke noch rechtzeitig zum Beginn der großen Staufer-Ausstellung zu bewerkstelligen. Buchstäblich im letzten Augenblick hat es geklappt: Als Bundespräsident Walter Scheel die Ausstellung in Stuttgart feierlich eröffnete, brachte man im Stauferland noch die letzten Schilder für die »Straße der Staufer« an. Nun war also die 130 km lange Touristikroute rund um den Hohenstaufen ausgeschildert und auch ein Begleitprospekt mit Erläuterungen zur Strecke und ihren Sehenswürdigkeiten stand bereits zur Verfügung, um den Besuchern die Schönheiten der Landschaft und die historischen Hintergründe nahezubringen. Insgesamt 280 Schilder mit dem Emblem des Stauferlöwen und einer fünfzackigen Krone wiesen nun dem Gast den Weg durchs Stauferland und zu den staufischen Zeugnissen.

Zehn Jahre später konnte man dann im Stauferland mit Stolz vermelden, daß sich die anfänglichen Mühen und finanziellen Investitionen von immerhin 40 000,– DM inzwischen bezahlt gemacht hatten. Denn viele Urlauber, Kultur- und Geschichtsinteressierte oder Reisegruppen waren zwischen 1977 und 1987 auf den Spuren der Staufer gewandelt und hatten dem Tourismus im Stauferland den erhofften Aufschwung gebracht. Und so muß es nicht verwundern, daß wiederum knapp 10 Jahre später, also zum 20jährigen Jubiläum der Straße im Jahre 1997, »Die weißen Löwen Nachwuchs bekommen haben«, wie in einer Zeitung zu lesen stand. Verlief die Route der Staufer-Straße bis dahin noch vorwiegend durch die Landkreise Göppingen und Ostalb, so führt sie nun seit Anfang 1997 auch in den angrenzenden Kreis Heidenheim. Mit der räumlichen Erweiterung der Straße der Staufer über das staufische Stammland hinaus, beabsichtigte die 1980 ins Leben gerufene Fremdenverkehrsgemeinschaft Stauferland nicht nur eine landschaftliche Bereicherung ihres Gebietes, sondern vor allem auch die Einbindung weiterer Zeugnisse der staufischen Zeit und Geschichte. Aus den ursprünglichen 130 km Streckenlänge sind durch die Fortführung der Stauferstraße runde 300 km geworden, an denen entlang die weißen Löwen im braunen Schild dem interessierten Gast den Weg durch das Stauferland und die Geschichte dieses Geschlechts und seiner Zeit weisen.

Dieses Schild weist den Weg entlang der Straße der Staufer.

This sign points out the route of the Staufer Road.

Mit dem Finger auf der Karte: Wo die Straße der Staufer verläuft.

Die Karte wurde freundlicherweise vom Touristik-Verband Neckarland-Schwaben, Heilbronn, zur Verfügung gestellt.

BRAUNSBACH
Schloß
Jagst
A 6
KIRCHBERG
Schloß
WALLHAUSEN
A 6
Kocher
SCHWÄBISCH HALL
ILSHOFEN
CRAILSHEIM
FEUCHTWANGEN
Comburg
VELLBERG
Schloß
ROSENGARTEN
BÜHLERTANN
GAILDORF
FICHTENAU
FICHTENBERG
BÜHLERZELL
ROSENBERG
DINKELSBÜHL
ELLWANGER
SEENLAND
SULZBACH-LAUFEN
GSCHWEND
ELLWANGEN
UNTERSCHNEIDHEIM
RAINAU
SPRAITBACH
ABTSGMÜND
WESTHAUSEN
Schloß Baldern
LAUCHHEIM
Ipf
KIRCHHEIM
AALEN
BOPFINGEN
Goldberg 514 m
SCHWÄBISCH GMÜND
HEUBACH
ESSINGEN
RIESBURG
Hornberg 698 m
LAUTERBURG
OBERKOCHEN
DEGENFELD
KÖNIGSBRONN
LAUTERSTEIN
BÖHMENKIRCH
NERESHEIM
HÄRTSFELD
STEINHEIM a. Albuch
HEIDENHEIM
Burg
DISCHINGEN
GEISLINGEN
GERSTETTEN
Schloß Taxis
AMSTETTEN
HERBRECHTINGEN
GIENGEN a. d. Brenz
HERMARINGEN
NIEDERSTOTZINGEN
SONTHEIM a. d. Brenz
GUNDELFINGEN
LANGENAU
A 7
BLAUSTEIN
ULM
GÜNZBURG
NEU ULM
Blau

DER ROUTE ENTLANG

Rund um den Hohenstaufen

Der Hohenstaufen: Stammsitz und Namensgeber des Stauferegeschlechts

Hohenstaufen: Ancestral abode of the Staufer from which the family derived its name.

Als »aller schwäb'schen Berge schönster« betitelte Ludwig Uhland in seinem »Konradin«-Fragment den Hohenstaufen, der sich nicht nur sehr markant in Form und Lage zwischen den Tälern von Rems und Fils erhebt und über der Stauferstadt Göppingen thront, sondern auch das Herz des Stauferlandes bildet. Dieser Bergkegel, der – laut Uhland – »hoch und schlank sich aufschwingt«, leitet seinen Namen von der mittelalterlichen Bezeichnung »stauf« für einen glokkenförmigen Becher her. Und gleich einem umgestülpten Becher liegt er vor der »blauen Mauer«, wie Uhlands Dichterkollege Eduard Mörike den steilen Nordabfall der Schwäbischen Alb, auch »Albtrauf« genannt, charakterisierte. Geologen bezeichnen den Hohenstaufen wissenschaftlich nüchterner als »Zeugenberg«, womit das geologische Phänomen umschrieben wird, daß einzelne aus härterem braunem Jura bestehende Berginseln der Erosion widerstanden, die seit Jahrmillionen den aus weicherem weißem Jura gebildeten Albtrauf Zentimeter um Zentimeter zurückdrängt. Solche Zeugenberge »zeugen« somit davon, wie weit nach Norden die Schwäbische Alb einst gereicht hat, und deshalb findet man solche Erhebungen auch nur am Nordrand der Alb. Mehrere dieser Zeugenberge tragen nicht nur stolze Namen, sondern noch heute mächtige Burgen und Schlösser bzw. deren Überreste wie etwa die Achalm bei Reutlingen, der Hohenzollern bei Hechingen oder eben der Hohenstaufen. Kein anderer Berg der Schwäbischen Alb aber hat über die Jahrhunderte hinweg eine solche Faszination auf die Menschen in Schwaben ausgeübt wie der Hohenstaufen. Dies liegt nicht in seiner markanten Lage oder seiner geologischen Besonderheit begründet, sondern vielmehr in der Tatsache, daß auf ihm die Stammburg eines der bedeutendsten, die deutsche Geschichte und das Mittelalterbild der Deutschen wohl prägendsten Herrschergeschlechter stand, einer Dynastie, die den Namen dieses schwäbischen Berges in die Welt hinaustrug – der »Staufer«.

Auf dem Hohenstaufen stand also seit dem 11. Jahrhundert die Stammburg der Staufer und der Berg war es, der dem Geschlecht mittelalterlicher Herzöge, Könige und Kaiser den Namen gab. Wo aber saßen die erst später so genannten Staufer zuvor? Um dieser Frage näherzukommen genügt ein Blick vom Hohenstaufen hinunter auf das Örtchen Wäschenbeuren und die etwas außerhalb im Wald gelegene Wäscherburg. Nach alter Überlieferung gilt sie als die Wiege der Staufer, von wo aus die dort ansässigen Herren von Büren im 11. Jahrhundert auf den Gipfel des Hohenstaufen hinaufzogen und sich fortan nach ihrer dort erbauten Burg »von Hohenstaufen« nannten. Die Wäscherburg oder auch Burg Büren, ein Wohnturm auf dem Büren nahe der Wäscherburg, und der Ort Wäschenbeuren selbst – hervorgegangen aus einem ehemaligen Maierhof –, bildeten zusammen die Herrschaft Büren und damit die unmittelbare Heimat der Staufer. Wie aber kam der Sitz der Herren von Büren zu seinem seltsam anmutenden heutigen Namen »Wäscherschloß«? Die Geschichtsschreibung belegt ihn damit, daß die Burg unter dem Stauferkönig Konrad IV. (1237–1254) in den Besitz des nahen Klosters Lorch gelangt war, mit dem wiederum im Jahr 1271 ein Ritter namens Konrad von Staufen, genannt »Wascher«(!) Güter im Nibelgau (Welzheimer Wald) gegen diesen Besitz in Büren tauschte. Die Sage hingegen hält für die »Wäscherburg« zwei weitaus enger auf die Staufer bezogenere Erklärungen parat: Der romantischen Version zufolge hatte Kaiser Friedrich Barbarossa eine Liebschaft mit einer Wäscherin, der er die Burg Büren zum Geschenk machte, und die Gemeinde Wäschenbeuren führt tatsächlich noch heute eine Wäscherin mit Waschbrett und Zuber in ihrem Wappen. Der anderen, eher praktisch orientierten Volkssage nach soll sich in der Wäscherburg die herzogliche und kaiserliche Hofwäsche der Staufer befunden haben. Wie dem auch sei, Tatsache ist, daß in der heute als Museum genutzten Burg – es befinden sich dort eine Staufer-Gedächtnisstätte und eine Sammlung bäuerlicher Geräte und Gegenstände – wohl die Wiege der Staufer gesehen werden kann.

Die Wäscherburg: Die Wiege der Staufer

Wäscher Castle: The birthplace of the Staufer

Die Staufer: Ein Geschlecht und seine Herkunft

Nachdem wir nunmehr die Wiege der Staufer entdeckt haben, ist es eigentlich nur konsequent, danach zu fragen, woher diese Staufer ursprünglich kamen, wer ihre Vorfahren waren und welche Entwicklung das Geschlecht quasi von der Wiege bis zur Bahre genommen hat. Wie bei so vielen mittelalterlichen Herrscherfamilien so sind auch bei den Staufern die belegbaren Nachweise ihrer Abstammung und Ursprünge zumeist von den Nebeln quellenarmer Epochen des Mittelalters umhüllt.

Ins Rampenlicht der Geschichte treten sie in der Zeit der Salier-Kaiser, genau gesagt im Jahr 1079, als Kaiser Heinrich IV. (1056–1106) seinen Schwiegersohn Friedrich von Staufen zum Herzog von Schwaben erhob. Friedrich war verheiratet mit Kaiser Heinrichs Tochter Agnes, und somit mußte er zu diesem Zeitpunkt nicht nur ein treuer Gefolgsmann des »Canossa-Kaisers«, sondern auch von vornehmer Abstammung gewesen sein.

Der spätere Biograph der Staufer, Bischof Otto von Freising, ein Onkel Kaiser Barbarossas, hebt dies in seiner Familiengeschichte eigens hervor. Und auch die Stammtafel der Staufer bestätigt, daß die Vorfahren von Herzog Friedrich als Bischöfe, Grafen und Pfalzgrafen in Schwaben unter den Ottonen und Saliern bereits an führender Stelle an der Herrschaftsausübung im Reich beteiligt gewesen waren. Friedrichs Erhebung zum schwäbischen Herzog entsprach demnach durchaus dem politischen und sozialen Rang seiner Familie. Herzog Friedrich I. seinerseits war der Sohn des Riesgrafen Friedrich von Büren und der Hildegard von Egisheim, einer elsässischen Adeligen, deren Familie mit Leo IX. (1049–54) sogar ein Papst entstammte. Von 1079 bis in die Mitte des 13. Jahrhunderts stellte nunmehr das Stauferhaus die Herzöge von Schwaben, und alle hießen sie – entsprechend den Leitnamen des Geschlechts – Friedrich, Konrad oder Heinrich.

Zwei Söhne Herzog Friedrichs I. vollzogen dann die nächsten Schritte auf dem Weg der Staufer zur Königs- und Kaisermacht. Der ältere, Friedrich II., genannt »der Einäugige«, folgte dem Vater im schwäbischen Herzogsamt (1105–1147) und heiratete mit der Welfin Judith ein Mitglied der zum damaligen Zeitpunkt mächtigsten Adelsfamilie im Reich, die das benachbarte große Herzogtum Bayern regierte. Aus dieser Ehe entstammte der wohl bedeutendste und bekannteste Stauferkaiser Friedrich Barbarossa. Der Bruder Herzog Friedrichs II., Konrad, der sich zeitweilig auch als Herzog von Schwaben betitelte, wurde nach dem Tod des letzten, kinderlosen Salierkaisers Heinrich V. (1106–1125) von der staufischen Adelspartei zum deutschen König gewählt. Mit König Konrad III. stiegen die Staufer somit zur Königswürde auf, wenn auch Konrad zunächst nur als Gegenkönig zu dem vor allem von den Welfen unterstützten König und Kaiser Lothar I. (von Supplinburg) amtierte.

Erst 1138, nach Lothars Tod, wurde Konrad dann auch offiziell deutscher König und von da an blieb das deutsche Königtum bis 1254 im staufischen Haus. Unter König Konrad – den man auch den »Pfaffenkönig« nannte (weil er vor allem von geistlichen Fürsten gewählt und unterstützt wurde) und dem man nachsagte, »vor seiner Wahl war er tüchtig, nachher so untätig als sei er begraben« –

Kaiser Friedrich I. Barbarossa mit seinen Söhnen Kaiser Heinrich VI. und Herzog Friedrich IV. von Schwaben

Emperor Frederick I, Barbarossa with his sons Emperor Henry VI and Frederick IV, Duke of Swabia

begann der lang andauernde Kampf zwischen den verwandten Staufern und Welfen.
Konrads designierter Nachfolger, sein Neffe Herzog Friedrich III. von Schwaben, trug das Blut beider Familien in sich und damit auch die Hoffnungen auf Beilegung des staufisch-welfischen Machtkampfes, als die Fürsten ihn 1152 als Friedrich I. zum deutschen König wählten.
Drei wesentliche Aufgaben stellten sich dem 1155 als ersten Staufer zum römischen Kaiser gekrönten Friedrich, dem man in Italien wegen seines roten Bartes den Beinamen »Barbarossa« gab: Erstens die Beilegung der staufisch-welfischen Auseinandersetzungen, personifiziert im Kaiser selbst und seinem welfischen Vetter Herzog Heinrich dem Löwen von Sachsen und Bayern; zweitens die Stärkung des König- und Kaisertums in Deutschland und Italien und drittens die Lösung des Machtkampfes mit den Päpsten um die geistliche bzw. weltliche Vorherrschaft im Kaiserreich.
Seine starke Persönlichkeit und sein konsequentes Bemühen, dem Königtum in Deutschland und dem Kaisertum im Reich die Vorrangstellung gegenüber allen Widersachern zu behaupten, aber auch die während seiner 38jährigen Regierungszeit zur Blüte gelangte höfische Kultur, machen Kaiser Friedrich I. Barbarossa, neben seinem Enkel Kaiser Friedrich II., zum bedeutendsten Stauferherrscher und zu einer der schillerndsten Persönlichkeiten des Mittelalters überhaupt. Als er schließlich 1190 als Führer des 3. Kreuzzuges im Flüßchen Saleph in Kleinasien auf mysteriöse Weise ums Leben kam, begann sich bereits wenig später ein Schleier der Verklärung und Legendenbildung um seine Person zu legen, die ihn als »den« Kaiser des Mittelalters schlechthin im Volk und seinen Erzählungen bis heute fortleben läßt. Man denke nur an die allseits bekannte Kyffhäuser-Sage, nach der Kaiser Barbarossa nicht tot ist, sondern in einer Höhle tief im Innern des Kyffhäusergebirges schläft und darauf wartet, sich dereinst aufzumachen, um das versunkene Reich (der Staufer) in alter Herrlichkeit wieder aufzurichten.
Aus der zweiten Ehe Barbarossas mit Beatrix von Burgund stammt sein Nachfolger auf dem Königs- und Kaiserthron, Heinrich VI. (1169–1197), der als rigoroser Machtpolitiker in die Geschichte einging. Durch seine Heirat mit Konstanze, der Erbin des normannischen Königreichs Sizilien, gelangte nunmehr auch ganz Süditalien in den staufischen Herrschaftsbereich. Beide Machtbereiche, aber auch beide Kreise mitteleuropäischer und mediterraner Kultur, vereinigen sich in Heinrichs und Konstanzes Sohn Friedrich, der als Kaiser Friedrich II. nicht nur zum zweiten großen Stauferherrscher avancierte, sondern bereits zu Lebzeiten als »stupor mundi« (das Staunen der Welt) Bewunderung fand.

Kaiser Friedrich II., das „Staunen der Welt“

Emperor Frederick II, “The wonder of the world”

Sein erstaunlicher, manchen Zeitgenossen schon beinahe unheimlicher Herrscherwille, seine weit über seine Zeit hinausweisende Politik und Staatsführung gaben ebenso wie seine umfassenden kulturellen und wissenschaftlichen Interessen, je nach Standpunkt, Anlaß zu verklärender Bewunderung oder totaler Ablehnung, bis hin zur Exkommunizierung und Titulierung als »Antichrist«.
Da er im Grunde mehr Italiener als Deutscher war, lagen seine Schwerpunkte entsprechend im südlichen Teil des Kaiserreichs und nur selten weilte er nördlich der Alpen. Hier hatte er schon früh seinen Sohn Heinrich (VII.) zum König eingesetzt, den er jedoch, als er gegen den Vater aufbegehrte, rigoros wieder absetzte und in den Kerker verbannte. Friedrichs zweiter Sohn, Konrad IV. gelangte dann erst nach dem Tod des Kaisers 1250 zum deutschen Königtum, obwohl er zeit seines Lebens nie zum König gekrönt wurde. Bereits 1254 erlag er auf einem Feldzug in Italien der Malaria.
Mit Konrads Sohn Konradin erscheint noch einmal für kurze Zeit eine »staufische Lichtgestalt« auf der mittelal-

Stammtafel der Staufer

Friedrich
Pfalzgraf in Schwaben (1027)

Friedrich
Pfalzgraf in Schwaben (1053)
⚭ (Adelheid) vom Filsgau

Friedrich von Büren
Riesgraf (1053)
⚭ Hildegard von Bar-Mousson (Egisheim)

Friedrich I. von Staufen
Herzog von Schwaben (1079–1105)
⚭ Agnes von Waiblingen
(Tochter von Ks. Heinrich IV.)

Friedrich II. der Einäugige
Herzog von Schwaben (1105–47)
⚭ Judith von Bayern

Friedrich I. Barbarossa
Herzog von Schwaben (1147–52/Friedrich III.)
dt. König (1152–90)
röm. Kaiser (1155–90)
1. ⚭ Adela von Vohburg
2. ⚭ Beatrix von Burgund

Konrad III.
dt. König (1138–52)
(Gegenkönig 1127–38)
1. ⚭ Gertrud von Comburg
2. ⚭ Gertrud von Sulzbach

Heinrich
dt. König
(1147–50)

Friedrich von
Rothenburg
Herzog von
Schwaben (1152–67)

Heinrich VI.
dt. König (1169–97)
röm. Kaiser (1190–97)
⚭ Konstanze von Sizilien

Philipp von Schwaben
Herzog von Schwaben
(1196–1208)
dt. König (1198–1208)
⚭ Irene von Byzanz

Friedrich IV.
Herzog von Schwaben
(1167–70)

Konrad
als Friedrich V.
Herzog von Schwaben
(1167–91)

Konrad v. Rothenburg
Herzog von Schwaben
(1191–96)

Friedrich II.
Herzog von Schwaben
(1212–1216)
dt. König (1212–1250)
röm. Kaiser (1220–1250)
1. ⚭ Konstanze von Aragonien
2. ⚭ Isabella von Jerusalem
3. ⚭ Isabella von England
4. ⚭ Bianca von Lancia

Heinrich (VII.)
Herzog von Schwaben (1217–35)
dt. + röm. König (1220–35/abgesetzt)
König von Sizilien (1212–20)

Konrad IV.
Herzog von Schwaben (1235–54)
dt. König (1250–54)
⚭ Elisabeth von Bayern

Konradin
Herzog von Schwaben (1254–68)
hingerichtet 1268 in Neapel

Manfred
Fürst von Tarent (1250)
König von Sizilien (1258–66)

Entwurf: Dr. Uwe Kraus

terlichen Weltbühne. Beim Tod des Vaters gerade zwei Jahre alt, war er von den schwäbischen Adeligen als Herzog auserkoren worden und besaß sogar neben dem Anspruch auf die deutsche Königswürde auch den auf das Königreich Jerusalem, hergeleitet aus der zweiten Ehe seines Großvaters Friedrich II. mit Isabella von Brienne, der Erbin Jerusalems. Erst 15 Jahre alt, zog Konradin 1267 mit wenigen Getreuen nach Italien, um seine Ansprüche auf das staufische Erbe durchzusetzen. Er wurde jedoch 1268 von Karl von Anjou, einem Günstling des Papstes mit Herrschaftsanspruch auf Süditalien, vernichtend geschlagen und auf Veranlassung Karls in Neapel öffentlich enthauptet. Dieses tragische Ende des jungen Staufers ist in der Dichtung des 19. und 20. Jahrhunderts häufig aufgegriffen und zumeist stark modifiziert worden, was unter anderem dazu führte, daß Konradin heute allgemein als »der letzte Staufer« im Bewußtsein der Bevölkerung fortlebt, ja glorifiziert wird. Historisch genauer betrachtet war Konradin natürlich nicht der letzte Staufer, denn besonders durch die 43 aus offiziellen Ehen und etlichen Nebenverbindungen Kaiser Friedrichs II. entstammenden Nachkommen, lebten auch nach Konradins Tod noch eine erkleckliche Anzahl von Stauferabkömmlingen. Keiner von ihnen gelangte jedoch, trotz mehrerer Versuche, auch nur annähernd zur Bedeutung ihrer Vorfahren; einige starben – oft jahrelang von Staufergegnern eingekerkert – in der Anonymität und manche Schicksale sind gar bis heute völlig unbekannt geblieben. So verschwand das große Geschlecht der Staufer, das über rund 170 Jahre der schwäbischen, deutschen und europäischen Geschichte in vielen Bereichen und Belangen seinen Stempel aufgeprägt hatte, so wie es aus dem Dunkel des 10. Jahrhunderts aufgetaucht war gegen Ende des 13. Jahrhunderts wieder im Dunkel der Geschichte und lebt heute allein noch als Gegenstand historischer Forschung, in der Literatur, besonders aber im Bewußtsein der Menschen, ihren Erzählungen, Sagen und Legenden fort.

Konradin, der „letzte Staufer“

Konradin, “Last of the Staufer”

Nur noch wenige Mauerreste blieben von der Burg auf dem Hohenstaufen erhalten.

Only isolated sections of the castle walls on Hohenstaufen are still intact.

Kehren wir nun, nachdem wir die Wiege und den Werdegang der Staufer kennengelernt haben, wieder zurück zum Hohenstaufen, wo einstmals die Stammburg des Geschlechts stand. Mitte des 11. Jahrhunderts, zur Regierungszeit des noch unmündigen salischen Königs Heinrich IV., setzte unter den Familien des hohen Adels eine Art Wanderbewegung ein, weg von ihren bisherigen Herrschaftssitzen auf befestigten Höfen in Hochflächen- und Tallagen, hinauf auf Bergkuppen und steile Felsen, wo sie wehrhafte Gipfelburgen errichteten. Ursprünglich ein königliches Recht, usurpierte der Hochadel in der Zeit des schwachen Königs Heinrich dieses sogenannte »Regal« des Burgenbaus und manifestierte damit den in der Zeit des Investiturstreits gewachsenen Herrschaftsanspruch, verbunden mit gesteigertem adeligem Selbstbewußtsein.

So entstanden eine Vielzahl neuer adeliger Machtzentren, oft namengebende Stammburgen einer Familie, die nicht nur besseren Schutz vor Widersachern boten, sondern von denen aus sich auch die Möglichkeit zu wirksamer politischer und militärischer Kontrolle eines bestimmten Gebietes bot. Der markante, weit das Umland überragende Kegel des Hohenstaufen war für solche Absichten geradezu ideal geeignet, und so muß es für Friedrich von Staufen nahegelegen haben, seine Burg dort oben zu errichten, und zwar wohl noch vor seiner Erhebung zum Herzog von Schwaben im Jahre 1079. Die Burg bildete seitdem, zumindest unter den ersten staufischen Schwabenherzögen, einen Macht- und Regierungsmittelpunkt der Staufer, sie verlor diese Funktion dann aber zunehmend im Laufe des Aufstiegs späterer Familienangehöriger zum König- und Kaisertum. Für die Regierung der Könige und Kaiser spielte die Hohenstaufenburg nur eine untergeordnete Rolle, so daß die Befestigung letztendlich vor allem die Funktion einer Ministerialenburg staufischer Dienstmannen besaß. Dennoch blieb die Burg stets, auch über den Untergang der Staufer

hinaus und sogar noch bis zum Dreißigjährigen Krieg, eine Reichsburg und das Symbol der staufischen Herrschafts- und Kaisertradition. Dabei hatte wohl nur einmal ein Stauferkaiser Einzug in die Stammburg des Geschlechts gehalten, als Friedrich Barbarossa im Mai 1181 auf dem Hohenstaufen weilte.
Dem Ende der Staufer folgte auch der Niedergang der Burg, und nachdem die Bauern die Reste im Jahr 1525 niedergebrannt hatten, diente die Ruine lediglich noch als Steinbruch, in dem man Baumaterial für das Göppinger Schloß brach. Es spricht aber für die Symbolträchtigkeit des Hohenstaufen, daß der weit im schwäbischen Umland sichtbare Brand der Burg 1525 von der bäuerlichen Bevölkerung geradezu als Fanal für das Ende der alten Feudalzeit und das Heraufdämmern einer neuen, besseren Epoche empfunden wurde. Was von der Burg, aber auch von diesen Hoffnungen blieb, waren Ruinen, einige wenige Mauerreste, die dem Besucher des Hohenstaufengipfels nur noch einen schwachen Abgesang von einstiger staufischer Macht und Größe vermitteln.

Die Barbarossakirche in Hohenstaufen

The Barbarossa Church at Hohenstaufen

Weitaus aussagekräftiger sind dagegen zwei andere Objekte, die den Besuch in der gleichnamigen Gemeinde am Fuße des Hohenstaufen wahrlich lohnen. Der 1976/77 eingerichtete Dokumentationsraum für staufische Geschichte ist eine Fundgrube für jeden Stauferinteressierten. Neben zahlreichen Grabungsfunden und Rekonstruktionen von der Hohenstaufenburg, Darstellungen zahlreicher Zeugnisse aus Stauferzeit und Stauferland sowie einer umfangreichen Stammtafel des Geschlechts, beeindrucken vor allem die dort ausgestellten Dokumente und spätromanischen Plastiken als Zeugen der hohen kulturellen Blüte der Stauferzeit.
Aber auch der Staufertradition und ihrem Nachleben bis in unser Jahrhundert ist breiter Raum gewidmet. In dieser Tradition steht auch die unmittelbar oberhalb des Dokumentationsraumes stehende sogenannte »Barbarossakirche«. 1228 erstmals als

Die älteste erhaltene Darstellung der Burg Hohenstaufen auf einem Fresko in der Göppinger Oberhofenkirche

The oldest surviving representation of the castle Hohenstaufen in a fresco in the Oberhofen Church in Göppingen

Jakobuskirche nachgewiesen und im 15. Jahrhundert in ihrer heutigen Form erbaut, verdient besonders ihre 1859 neu gestaltete Westfassade Beachtung. Dort sind die Wappen der staufischen Herrschaftsgebiete und der sieben Kurfürsten sowie der Reichsadler, umgeben von den Namen der Stauferkönige und -kaiser, angebracht. Den Dachtrauf entlang ziehen sich zudem die Wappen staufischer Ministerialengeschlechter. Ihren Namen verdankt die Kirche wohl der im Innern über der nördlichen Pforte eingemeiselten Inschrift »Hic transibat Caesar« (Hier trat der Kaiser ein), ein wenn auch nicht belegter Hinweis darauf, daß Kaiser Barbarossa während seines Aufenthalts auf dem Hohenstaufen 1181 in der bereits zu dieser Zeit dort vermuteten Kirche die Messe besucht hat.

Kloster Lorch: Hauskloster und Grablege der Staufer

Lorch Monastery: The home cloister and burial grounds of the Staufer

Nur wenige Kilometer vom Hohenstaufen entfernt liegt auf dem Liebfrauenberg oberhalb des Remstales das Kloster Lorch. Dort, wo Jahrhunderte zuvor der römische Limes verlaufen war, stiftete Friedrich I. von Schwaben 1102 ein Benediktinerkloster als Hauskloster der staufischen Familie. Vielleicht stand dort zuvor eine Stauferburg, denn im 11. und 12. Jahrhundert war es oft üblich, Burgen in Klöster umzuwandeln. Herzog Friedrichs Stiftung sollte dem Seelenheil der staufischen Familienangehörigen zugute kommen und überdies die Grablege der nunmehr herzoglichen Stauferfamilie sein. Doch sicherlich spielten neben den geistlichen auch konkrete politische Überlegungen bei Friedrich eine nicht unwesentliche Rolle, denn Stiftungen von Klöstern und die Übernahme der Vogtei, also der weltlichen Aufsicht über das Kloster, galten dem Adel im Mittelalter als probates Mittel, um Herrschaftsbereiche zu erweitern bzw. zu festigen. Und schließlich lag Lorch nicht nur unweit der salischen Besitzungen um Waiblingen, die Friedrichs Gemahlin Agnes in die Ehe mit eingebracht hatte, sondern auch an der strategisch wichtigen Verbindung vom Neckar durch das Remstal in Richtung Franken.

Als der Stifter Friedrich I. im Jahr 1105 starb, war er auch der erste Staufer, der in Lorch beigesetzt wurde, allerdings zunächst in der im Tal gelegenen Stiftskirche und erst 1140 in der Klostergruft. Nicht sicher ist, ob auch seine Gattin Agnes dort ruht, nachweislich aber fanden Friedrichs Brüder Walther und Ludwig, der schwäbische Pfalzgraf und Stammvater des Hauses Staufeneck, dort ihre letzte Ruhe. Auch die Beisetzung von Friedrichs Schwiegertochter Judith von Bayern, der Mutter Barbarossas, in Lorch ist sehr wahrscheinlich, ebenso wie die Herzog Friedrich's IV. von Schwaben, einem Sohn Kaiser

Friedrich Barbarossas. Der Vetter des Kaisers, Heinrich, der neben seinem Vater Konrad III. 1147 zum deutschen König gekrönt worden war, jedoch bereits 1150 verstarb, ist der einzige staufische König, der in Lorch bestattet ist. Denn ob in Lorch auch König Konrad III. neben seiner ersten Gemahlin Gertrud von Comburg seine letzte Ruhestätte fand, ist doch stark in Zweifel zu ziehen. Als letzte namhafte Mitglieder der Stauferfamilie, die in der Lorcher Gruft ruhen, sind Irene von Byzanz († 1208), die Tochter des byzantinischen Kaisers Jsaac Angelos und Gemahlin König Philipps von Schwaben, sowie ihre Tochter Beatrix († 1208), bei deren Geburt Irene starb, zu nennen.
Wohl auch durch seine Funktion als Familiengrablege war Kloster Lorch einige Zeit lang der geistliche Mittelpunkt des Stauferhauses. Je mehr sich aber der Schwerpunkt der staufischen Interessen von Deutschland in Richtung Italien verlagerte, verlor auch das Hauskloster stetig an Bedeutung. So dauerte denn die Blütezeit Lorchs insgesamt nur knapp ein Jahrhundert und bis ins 15. Jahrhundert hinein geriet es zeitweilig schon fast in Vergessenheit. Erst 1475 erinnerte sich der damalige Abt wieder des staufischen Ursprungs und ließ die Gebeine der Stauferangehörigen in eine Tumba (Sammelgrab) im Langhaus der Klosterkirche umbetten, deren Deckel ein Adler – als Symbol des Reiches – sowie die drei Stauferlöwen zieren.
Zur selben Zeit entstanden auch die Bildnisse der zur Herrschaft gelangten Hauptvertreter des Stauferhauses an den Langhauspfeilern der Klosterkirche. Der Bauernkrieg und die Reformation im 16. Jahrhundert sowie die Säkularisation Anfang des 19. Jahrhunderts trugen dann zum endgültigen Niedergang des einstigen staufischen Hausklosters bei und ließen es als solches allmählich in Vergessenheit geraten.

Das Sammelgrab (Tumba) für die in Lorch bestatteten Staufer im Mittelschiff der Klosterkirche

The Staufer family tomb for members of the family laid to rest in Lorch – situated in the nave of the monastery church

Drei wesentliche Dinge sind es, die den Stellenwert und die Geltung einer Hochadelsfamilie wie der Staufer im Hochmittelalter nach außen hin deutlich manifestieren: Die Herkunft sowie vornehme Abstammung und verwandtschaftliche Beziehungen des Geschlechts, der Stammsitz als Herrschaftszentrum und das Hauskloster als geistlicher Mittelpunkt und Familiengrablege. Deshalb wurden diese Aspekte und Lokalitäten bislang auch zuerst und in breiterem Rahmen dargestellt. Als vierte Komponente kommt noch die Gründung von Städten hinzu, wofür Schwäbisch Gmünd exemplarisch ist.
Nur unweit der Stammburg und des Hausklosters Lorch gelegen, ist Schwäbisch Gmünd die älteste bezeugte staufische Stadtgründung in

Württemberg und zugleich ein eindrückliches Zeugnis staufischer Stadtarchitektur.
Bis heute sind in Gmünd noch Teile der staufischen Stadtanlage erhalten und an etlichen Bauwerken nachvollziehbar. Die ältesten Stadtchroniken benennen den ersten Stauferherzog Friedrich von Schwaben und seine Gemahlin Agnes als Gründer von Schwäbisch Gmünd, obwohl der Ortsname bereits 782 in einer von Karl dem Großen ausgestellten Urkunde als Mönchsniederlassung des Klosters St. Denis bei Paris aufgetaucht war. Der Enkel Herzog Friedrichs, Kaiser Friedrich Barbarossa, erhob dann 1162 den kleinen Marktflecken Gmünd als ersten Marktort in Schwaben zur Stadt, wohl beeinflußt von der wesentlichen Bedeutung der Städte, wie er sie bei seinen zahlreichen Aufenthalten und Auseinandersetzungen vor allem mit den lombardischen Städten in Italien kennengelernt hatte. Diese Erhebung eines Marktes zur Stadt dokumentiert aber auch, welchen Stellenwert die Staufer Gmünd als Wirtschaftsstandort beimaßen, denn schließlich war der Ort auch durch seine Lage an der Remstalstraße – also am Verbindungsweg zwischen den damals schon großen Handels- und Regierungszentren wie Straßburg, Nürnberg oder Augsburg – prädestiniert als staufisches Wirtschafts- und Verwaltungszentrum. Dafür spricht auch die Tatsache, daß sich die Stadt jahrhundertelang, ja noch bis in unsere Gegenwart, als Zentrum von Handel und Gewerbe bzw. Industrie, aber auch von Kunst und Kultur behaupten konnte, und nicht umsonst bezeichnen die Gmünder ihre Stadt noch heute stolz als »Gold- und Silberstadt«, wegen der lange hier beheimateten Edelmetallverarbeitung.
Für die Bedeutung, die die Stauferherrscher der Stadt beimaßen, spricht ebenfalls die Tatsache, daß König Konrad III., Kaiser Friedrich I. Barbarossa, Kaiser Heinrich VI. und König Konrad IV. nachweislich in Schwäbisch Gmünd geweilt haben und damit also mehr Aufenthalte von Stau-

Der Marktplatz von Schwäbisch Gmünd mit der romanischen Johanniskirche

The market square, Schwäbisch Gmünd, with the Roman St. John's Church

ferherrschern in der Stadt belegt sind, als auf der nahegelegenen Stammburg Hohenstaufen. Der meist als letzter Staufer bezeichnete Konradin hat im Jahr 1266 in Gmünd gar das Weihnachtsfest gefeiert, ehe er im darauffolgenden Jahr zu seinem so tragisch endenden Italienzug aufbrach. Wahrscheinlich besuchte er an diesem hohen christlichen Fest sogar in der romanischen Johanniskirche, dem hervorragendsten Zeugnis staufischer Architektur in der Stadt, die Christmesse. Da sich der Kirchenbau in die Zeit zwischen 1210 und 1240 datieren läßt, ist diese Vermutung wohl nicht unbegründet, zumal der zweite bedeutende Gmünder Kirchenbau, das von Heinrich und Peter Parler als größte gotische Hallenkirche Schwabens errichtete Heilig-Kreuz-Münster, erst um 1310 begonnen wurde. Die Basilika von St. Johannis dokumentiert dagegen noch eindrücklich den romanischen Stil- und

Die Johanniskirche, eine der bedeutendsten Sakralbauten im Stauferland

St. John's Church, one of the most important sacred building works in Stauferland

Die spätromanische Madonna von St. Johannis

The late-Roman Madonna at St. John's

Raumcharakter der Mitte des 13. Jahrhunderts und wird heute nicht nur wegen des angeblich schönsten romanischen Kirchturms in Schwaben bewundert, sondern vor allem wegen des ebenso reichen wie bizarren plastischen Schmucks an den Außenmauern der Kirche. Auf dem Platz der St. Johanniskirche soll aber bereits eine Vorgängerkapelle gestanden haben, von der die Sage berichtet, sie sei genau an der Stelle errichtet worden, wo Agnes, die Gemahlin Herzog Friedrichs I. und Mitbegründerin von Gmünd, einst ihren bei einer Jagd verlorenen Trauring wiedergefunden hatte, woraufhin sie zum Dank für diese göttliche Fügung die Kapelle gestiftet hatte. Eine andere Version der Ringsage macht diese »sagenhafte« Gründung von St. Johannis sogar zum Ausgangspunkt für die Entstehung der Stadt Schwäbisch Gmünd überhaupt.

Die Staufer als Städtegründer

Doch so einfach, wie die oben genannte Sage die Gründung Schwäbisch Gmünds darstellt, dürfte es dann bei realistischer Betrachtung doch nicht gewesen sein. Auffallenderweise setzte nach der Erhebung Gmünds zur Stadt eine regelrechte Gründungswelle neuer Städte in Schwaben ein. So erheben Städte wie Göppingen, Geislingen, Heidenheim, Donauwörth, Biberach und Wangen im Allgäu, ja die mittelalterlichste Stadt in Deutschland überhaupt – Rothenburg ob der Tauber – den Anspruch, Staufergründungen zu sein. Vor allem seit der Zeit Kaiser Barbarossas benötigten die Stauferherrscher in zunehmendem Maße Geld für ihre Feldzüge und Streitigkeiten mit dem Adel, den italienischen Städten und vor allem mit dem Papst. Da nun die Städte, als in dieser Zeit neu aufsteigende politische Größe, als Machtfaktoren und Wirtschaftszentren immer mehr an Bedeutung gewannen und durch das innerhalb ihrer Mauern blühende Handels- und Gewerbewesen große Einnahmemöglichkeiten versprachen, lag es auch für die Staufer nahe, sich durch Städtegründungen diese Finanzquellen zu erschließen. Die Staufer machten demzufolge, wie auch andere Dynastien, die Gründung von Städten zu einem wesentlichen Bestandteil ihrer Politik und Herrschaftsausübung. Sie schufen sich mit ihren Gründungen nicht nur potente Wirtschaftsplätze und einträgliche Geldquellen, sondern sie nutzten sie auch systematisch zur Sicherung ihrer Reichs- und Landesherrschaft, als kirchliche, militärische, administrative, wirtschaftliche und kulturelle Mittelpunkte der ihrer Gewalt unterliegenden Ländereien.

Auch wenn diese Städte planmäßig gegründet wurden, so sind sie doch nicht urplötzlich entstanden. Vielmehr haben sie ihre speziellen Merkmale wie Markt, Befestigung oder Rechte oft erst in mehreren, längeren Entwicklungsstufen herausgebildet bzw. verliehen bekommen. Zwei wesentliche, verbindende Merkmale aber sind allen staufischen Stadtgründungen gemein: Ihre Lage und der – im Vergleich zu den bereits existierenden Städten römischen Ursprungs – völlig neuartige Stadtgrundriß. Die Stauferstädte sind grundsätzlich im Altsiedelland und nicht in Rodungsbezirken angelegt, sie liegen auf ebenem Terrain, besonders auf Flußterrassen und vorwiegend an Fernstraßen.

Herzog Friedrich I. und Agnes von Schwaben, die Gründer von Schwäbisch Gmünd

Duke Frederick I and Agnes of Swabia, the founders of Schwäbisch Gmünd

Letzteres bedingt wiederum den neuartigen, streng schematischen Stadtgrundriß bezüglich Straßenführung sowie Anordnung der Häuser und Stadtviertel. Das auffallendste Planungsmerkmal ist jeweils der langgezogene Straßenmarkt zwischen den beiden Haupttoren, also den Ein- und Ausgängen der Handelsstraßen. Diese zusammen bilden quasi das Rückgrat der Städte und dienten, durch den dazwischen geschalteten Markt, der Kontrolle aber auch der gewinnbringenden Nutzung des überregionalen Handelsverkehrs. Die Lage im ebenen Gelände ermöglichte zudem einen regelmäßigen und gleichförmigen, das heißt rechteckigen Grundriß. So zweigen in den Stauferstädten die Seitenstraßen senkrecht vom zentralen Straßenmarkt ab, schmale Parallelstraßen verlaufen zu beiden Seiten des Marktes und die Häuser wenden ihre Giebelfronten dem Markt bzw. den Seitenstraßen zu. Diesem Schema werden wir an der Straße der Staufer noch mehrmals begegnen.

TIP FÜR WANDERER: DER BARBAROSSAWEG

Bislang war in bezug auf die Routenführung zu den beschriebenen Stauferstätten stets von der »Straße der Staufer« die Rede, was die Vermutung nahelegt, man könne zu diesen Örtlichkeiten allein mit einem fahrbaren Untersatz gelangen. Es geht aber auch anders, denn die Fremdenverkehrsgemeinschaft Stauferland hat auch an stauferinteressierte Wanderer gedacht und für sie eine Broschüre erstellt, die unter der Bezeichnung »Barbarossaweg« insgesamt 17 ausführlich beschriebene Wanderrouten durch das Stauferland anbietet, die bei Streckenlängen von 15 bis 20 Kilometern zu den Zeugnissen staufischer Geschichte führen. Sogar Wandern ohne Gepäck ist möglich, eines jedoch sollte man dennoch – egal ob motorisiert oder zu Fuß – stets dabei haben: Zeit zum Schauen, Entdecken und Erleben.

DER ROUTE ENTLANG

Die Drei-Kaiser-Berge

Eine der Wandertouren des »Barbarossaweges« (mit der Bezeichnung R 11) führt von der ältesten Stauferstadt Schwäbisch Gmünd hinauf zum Hohenrechberg und damit zum mittleren der sogenannten »Drei-Kaiser-Berge«, wie die drei, das Stauferland überragenden, markanten Bergkegel des Hohenstaufen (683 m), des Rechbergs (707 m) und des Stuifen (757 m) bezeichnet werden. Ersteren, den Träger der staufischen Stammburg und Namensgeber des Geschlechts, haben wir bereits ausgiebig kennengelernt, wenden wir daher unsere Aufmerksamkeit nun den beiden anderen zu. Eindrucksvoll überragt das Trio der »Kaiserberge« als Zeugenberge der Schwäbischen Alb das Stauferland, verbunden durch den gemeinsamen Sockel des Asrückens und des Rehgebirges. Obwohl der höchste der Dreiergruppe, und in seiner Erscheinung nicht weniger imposant aufragend als seine beiden Pendants, tritt der Stuifen von seiner historischen Bedeutung her zumeist hinter den beiden anderen Bergkegeln zurück. Vielleicht liegt es daran, daß er einst keine solch stolzen Burgen trug wie der Rechberg oder gar der Hohenstaufen, auch wenn Justinus Kerner – in Anspielung auf die nur noch spärlich verbliebenen Burgreste auf dem Hohenstaufen – im 19. Jahrhundert »den alten Fels öd und beraubt« beschrieb. Ganz anders dagegen der Rechberg mit seiner heute noch beeindruckenden, auf einem Vorsprung des eigentlichen Bergkegels gelegenen Ruine Hohenrechberg. Diese aus einer Vor- und Hauptburg bestehende, 1179 erstmals erwähnte Wehranlage bildete zur Stauferzeit einen wichtigen

Die Drei-Kaiser-Berge

The Drei-Kaiser-Mountains

Teil des Ringes von Befestigungen, der sich als Schutz um die Reichs- und Herzogsburg Hohenstaufen zog. Im Gegensatz zur letzteren, einer typischen Hochadelsburg, war die Burg Hohenrechberg die erste Burg eines staufischen Dienstmannes. Ulrich von Rechberg (1179–1205) zählte als Gefolgsmann von Kaiser Friedrich I. und König Philipp von Schwaben zu den einflußreichsten staufischen Ministerialen und erlangte durch seine Ämter als Kastellan der Hohenstaufenburg und Marschall des Herzogtums Schwaben eine überragende Stellung innerhalb der schwäbischen Ritterschaft. Sein Sohn Hildebrandt, ein Getreuer Kaiser Heinrichs VI., folgte ihm im Marschallamt und sein zweiter Sohn Siegfried übte als Bischof von Augsburg sowie Berater zweier Kaiser und eines Königs großen Einfluß im Stauferreich aus. Jahrhundertelang konnte die Burg Hohenrechberg dem Zahn der Zeit und allen kriegerischen Wirren ohne größere Zerstörung trotzen; erst im Januar 1865 fiel sie schließlich einem durch Blitzschlag ausgelösten Brand zum Opfer. Dennoch ist die Burgruine – obwohl sie im Laufe der nachstaufischen Jahrhunderte mehrfach erweitert und umgebaut wurde – heute noch immer ein anschauliches Beispiel staufischer Bautradition und weist als markantestes Merkmal des staufischen Burgenbaus die typische Buckelquadertechnik auf. Diese sorgfältig behauenen und für die staufischen Burgenbauten so charakteristischen Quader haben ihre Vorbilder im salomonischen Tempel von Jerusalem; ein Bezug, den die Staufer bewußt gewählt haben, um so auch in ihren Bauten ihren Herrschaftsanspruch im weltlichen wie geistlichen Bereich zu dokumentieren. Dementsprechend findet sich diese Buckelquaderbauweise auch bei den zahlreichen Burgen, die sich wie ein Schutzwall um die Stammburg Hohenstaufen aufreihten.

Die Burgruine Hohenrechberg (im Hintergrund der Hohenstaufen)

The castle ruins of Hohenrechberg (Hohenstaufen in the background)

Wenn die Schwäbische Alb heutzutage als eine der burgenreichsten Landschaften Deutschlands gilt, dann trägt das Stauferland zu diesem Reichtum einen besonders großen Anteil bei. Allein im Gebiet des einstigen staufischen Kernlandes und heutigen Landkreises Göppingen lassen sich noch über 60 ehemalige Burganlagen nachweisen, von denen neun als Ruinen größtenteils erhalten sind. Natürlich wurden die stauferzeitlichen Burgen nicht alle auf einmal errichtet, sondern entstanden im wesentlichen in drei Hauptphasen: Vor 1100 die hochadeligen Stammburgen, zu denen der Hohenstaufen und der Helfenstein bei Geislingen zählen, im 12. Jahrhundert die ersten

Ministerialenburgen, wie der Hohenrechberg und die Burg Scharfenberg bei Donzdorf sowie im 13. Jahrhundert eine Reihe weiterer staufischer Dienstmannenburgen. Zu letzteren, die den engeren Schutzgürtel um den Hohenstaufen bildeten, zählen unter anderem die Hiltenburg bei Bad Ditzenbach, die Burg Staufeneck oberhalb von Süßen und das Schloß Ramsberg nahe Donzdorf.
Die ältere der beiden bei Donzdorf gelegenen ehemaligen Burgen, die Ruine Scharfenberg, ist zwar erst 1310 erstmals urkundlich erwähnt, doch vermutlich bereits Mitte des 12. Jahrhunderts von einer gleichnamigen freiadeligen Familie erbaut worden. Im 15. und 16. Jahrhundert veränderten Umbauten die ehemals mittelalterliche Burg fast vollständig, lediglich an der Ostseite des früheren Nordgebäudes beweisen noch heute Reste von Buckelquadermauern, daß Scharfenberg ursprünglich eine Stauferburg war, ehe sie schließlich im 19. Jahrhundert zerfiel und zur Ruine wurde.
Der zweiten nahe Donzdorf, auf dem südöstlichen Sporn des Rehgebirges gelegenen, ehemaligen Stauferburg, Schloß Ramsberg, blieb dieses Schicksal erspart. Die Erbauer dieser erst 1270 urkundlich erwähnten Burg, die königlichen Ministerialen von Plochingen, dienten den Staufern über mehrere Generationen hinweg als Reichsvögte und Heerführer. Obwohl die heutige Anlage von dem im Jahre 1600 erbauten Schloßbau beherrscht wird und der einstige Bergfried um 1830 der Spitzhacke zum Opfer fiel, birgt Ramsberg noch immer einige bauliche Besonderheiten aus staufischer Zeit. Außer der starken Buckelquadermauer ist es vor allem die unter dem Schloßbau gelegene Halle aus der ersten Hälfte des 13. Jahrhunderts, die eine architektonische Seltenheit darstellt. Bei diesem von vier achteckigen Pfeilern gestützten und von massigen Gewölberippen überspannten Raum handelt es sich wohl um den früheren Aufenthaltsraum der Burgmannschaft, eine sogenannte »Türnitz«. Im Gegensatz zum heute wenig staufischen Äußeren von Schloß Ramsberg dokumentiert die nahe gelegene, das Filstal bei Süßen beherrschende Ruine Staufeneck noch weitaus markanter das ursprüngliche Aussehen einer Stauferburg. Sie zählt nicht nur zu den eindrucksvollsten Ruinen des Stauferlandes, sondern bildete neben der Burg Hohenrechberg das wohl stärkste Bollwerk im Burgengürtel um den Hohenstaufen. Die Herren von Staufeneck, Ministerialen der Staufer und nahe Verwandte der Rechberger,

Schloß Ramsberg bei Donzdorf

Ramsberg Castle near Donzdorf

stammten aus der Burgmannschaft des Hohenstaufen. Nachdem sie in staufischen Diensten zu Macht und Reichtum gelangt waren, erbauten sie zwischen 1220 und 1250 ihre eigene Burg, die später an die Rechberger gelangte. Die Reste dieser Burg zeigen besonders eindrücklich die für den stauferzeitlichen Burgenbau so charakteristische Buckelquadertechnik in ihrer ganzen Wucht und Vollkommenheit. Eine feste Mauer umschloß den noch vorhandenen Burghof, den man durch ein Rundbogentor betritt. Darüber erhebt sich der gewaltige, 30 m hohe und aus 3 m dicken Mauern bestehende Bergfried, von dessen Zinnen aus man herrliche Ausblicke auf das Fils- und Remstal, die Drei-Kaiser-Berge und die Schwäbische Alb genießt. Ein runder Bergfried wie in Staufeneck zählte im 13. Jahrhundert zu den modernsten Erkenntnissen der Festungstechnik.
An diesen alles beherrschenden Koloß schloß sich einst der Schloßtrakt an, von dessen alten stauferzeitlichen Teilen ebenso nur noch Reste vorhanden sind wie vom neueren Teil aus der Zeit um 1500. Bei vielen einstigen Stauferburgen, so auch bei der Burg Staufeneck, setzte im Laufe des 19. Jahrhunderts der allmähliche Verfall ein, wenn nicht schon früher die zum Teil bereits unbewohnten Wehranlagen als Materiallieferanten für neue Bauten benutzt und abgetragen worden waren. Noch immer aber legen ihre Überbleibsel beredtes Zeugnis ab von einem – neben den Städtegründungen – weiteren Charakteristikum der Stauferzeit: der Forcierung des Burgenbaus.

Buckelquader im Bergfried der Ruine Staufeneck

Ashlar stonework in the keep of Staufeneck ruins

Die sogenannte „Türnitz“ von Schloß Ramsberg

The “Türnitz” of Ramsberg Castle

Die Burgen der Stauferzeit

Die Belagerung einer mittelalterlichen Burg

Siege of a mediaeval castle

Vier Merkmale sind es, welche die von den Staufern dominierte Epoche des Hochmittelalters prägten und dieser Dynastie – wenn man so will – in ihren Stammlanden, doch auch weit darüber hinaus bleibende Denkmale gesetzt haben: die systematische Landnahme und die damit verbundene Herrschaftserweiterung, die sakrale Bautätigkeit und Baukunst, die gezielte Gründung von Städten sowie der verstärkt betriebene Burgenbau. Speziell die Städtegründungen und die Errichtung zahlreicher Burgen haben rückblickend betrachtet auch das Erscheinungsbild der staufischen Lande – insbesondere des Staufer(stamm)landes – nachhaltig verändert und bis in unsere Zeit geprägt. Zwei wichtige Fernstraßen durch das Rems- und Filstal durchzogen das staufische Kernland, die es ebenso zu sichern und bewachen galt, wie die wichtige Steige bei Geislingen als Aufstieg zur Albhochfläche. Die zahlreichen an staufische Gefolgsleute vergebenen Lehen galt es von befestigten Plätzen aus zu schützen, und nicht zuletzt bedurfte auch die staufische Stamm- und Herzogsburg selbst, wie vorab dargestellt, des Schutzes durch einen sie umgebenden Ring von Burgen rund um den Hohenstaufen. Die uns bereits bekannte Wäscherburg, der Hohenrechberg, Staufeneck, Ramsberg und Scharfenberg gehörten zu diesem Sicherungssystem, aber auch die Burgen Weißenstein oder Filseck. Andererseits waren diese zumeist mit Güter- oder Dienstlehen, Ämtern und Privilegien verbundenen Burgen wiederum Mittel zum Zweck, um treue Dienstmannen und Gefolgsleute an die Stauferfamilie zu binden, für ihre geleisteten Dienste zu entlohnen bzw. zu künftiger Treue und Dienstleistung zu verpflichten. Das landschaftliche Umfeld des Stauferlandes, der Nordtrauf der Schwäbischen Alb mit seinen vorgelagerten Bergkegeln und Höhenrücken, lieferte überdies vielfältige Möglichkeiten zum Bau hochgelegener Festen.

Das Herz des Stauferlandes und des bereits beschriebenen Burgengürtels war zweifellos die Stammburg auf dem Hohenstaufen selbst. Sie ist die erste und älteste nachweisbare Burganlage, welche uns die Stauferzeit hinterlassen hat und bildete bis weit ins 13. Jahrhundert hinein die wohl bedeutendste Festung im innerschwäbischen Gebiet. Aufgrund ihrer Funktion als Reichs- und Herzogsburg dürfte sie wohl den nach mittelalterlichen Maßstäben modernsten wehrtechnischen Erfordernissen entsprochen und als sicherer Zufluchtsort gegolten haben. Dies scheint auch die noch immer lebendige Sage von der Belagerung des Hohenstaufen zu dokumentieren, die erzählt, wie König Lothar von Supplinburg und sein Schwiegersohn, Herzog Heinrich der Stolze von Bayern, die vom neunzigjährigen Vogt Sinnegger und nur wenigen Kriegsknechten verteidigte Stauferburg berannten. Allerdings bewog dann erst der Tod der auf der Burg weilenden Herzogin Judith, der Schwester Heinrichs des Stolzen, die Belagerer zum Abzug.

Feste Burgen sind aber, gerade zur damaligen Zeit, nicht von heute auf morgen entstanden. Dutzende von Handwerkern und Arbeitern waren oft bis zu 10 Jahre mit dem Bau beschäftigt und die den Burgen zugehörigen Bauern des Umlandes hatten über lange Zeit hinweg viele und harte Fronleistungen zu erbringen. Auch war der Burgenbau kein billiges Unterfangen, denn Berechnungen haben ergeben, daß die für den Bau aufzubringenden Gesamtleistungen, gemessen an heutigen Maßstäben, einem Gegenwert von mehreren Millionen D-Mark entsprachen. Es klingt also sehr viel einfacher als es in Wirklichkeit war, wenn der Stauferchronist Otto von Freising die zahlreichen Burgengründungen Herzog Friedrichs II. von Schwaben mit den Worten kommentierte: »Herzog Friedrich zog am Schweif seines Pferdes stets eine Burg hinter sich her.« Herzog Friedrich tat dies bestimmt auch nicht aus reiner Bauwut, sondern verfolgte damit, dem Trend der Zeit entsprechend, konkrete politische Ziele. Auf den neu erbauten Burgen wurden eine Vielzahl staufischer Dienstmannen eingesetzt und damit Verwaltungsbezirke zur organisatorischen Erfassung und Kontrolle der Ländereien durch die Stauferherrscher geschaffen. Dabei spielte eine sich neu etablierende und rasch aufsteigende Gesellschaftsschicht eine wichtige Rolle, ja bildete geradezu das Rückgrat staufischer Herrschaftsausübung: die Ministerialen. Diese im Hof- und Kriegsdienst tätigen, von weltlichen und geistlichen Fürsten mit Dienstlehen und Ämtern ausgestatteten Dienstmannen waren ursprünglich sogar Unfreie. Durch die seit dem 11. Jahrhundert wachsende Bedeutung der Ministerialen für die Verwaltung sowie aufgrund ihrer immer stärkeren Einbeziehung in die Sicherung der herrschaftlichen – politischen, ökonomischen und militärischen – Macht, verwischten bereits im 11. Jahrhundert die Unterschiede zu Edelfreien relativ rasch. Viele Edelfreie traten gar selbst in die Ministerialität höherer Adeliger, allmählich erhielten die Ministerialen sogar echte, d. h. Güter- und nicht Dienstlehen, die wiederum schon bald erblich wurden. Im Spätmittelalter waren die Ministerialen dann bereits ein fester Bestandteil der Schicht des niederen Adels. Doch wirtschaftliche Probleme und politische Krisen stürzten bereits im 14. Jahrhundert zahlreiche Familien, speziell des niederen Adels, in Existenznöte, so daß viele ihr Auskommen in Verwaltung und Militärdienst wenn nicht gar als Raubritter suchten. Existenznöte neben drastischen Wandlungen der Kriegstechnik waren dann auch oft der Anlaß, daß vorwiegend im 16. Jahrhundert die meisten auch auf staufische Gründungen zurückgehenden Burgen von ihren Bewohnern verlassen wurden und allmählich zerfielen bzw. noch als Materiallieferanten für den Bau kleiner Residenzen in den Städten Verwendung fanden.

TIP FÜR RADFAHRER: RADTOUREN AUF STAUFERSPUREN

Keine Angst mehr vor Raubrittern muß heute derjenige haben, der das burgenreiche Stauferland auf abgelegenen Wegen und Sträßchen erkunden möchte. Schneller als bei den Wandertouren des »Barbarossaweges« kommt man dabei auf dem Fahrrad voran und kann auch seinen Entdeckungsradius über das staufische Kernland hinaus vergrößern. Zu ausgedehnten »Radtouren auf Stauferspuren« hat daher auch die Fremdenverkehrsgemeinschaft Stauferland einen umfangreichen Radwanderführer mit Karten, Tourenvorschlägen, Streckenbeschreibungen, Informationen über Sehenswürdigkeiten und Unterhaltungsangebote sowie Wissenswertem über Natur und Landschaft zusammengestellt. Die Radtourenvorschläge erstrecken sich über das gesamte Stauferland und laden ein zum Entdecken und Erleben der Landschaft auf stillen, gut ausgebauten Wegen oder kaum befahrenen Nebenstraßen.

DER ROUTE ENTLANG

Stauferspuren auf der Ostalb

Dem Remstal entlang Richtung Osten wollen wir nun die Drei-Kaiser-Berge und damit das staufische Kernland endgültig hinter uns lassen und den Spuren der Staufer auf die östliche Schwäbische Alb folgen. Von der ältesten Stauferstadt Schwäbisch Gmünd führt dabei der Weg zunächst in die alte Römersiedlung und ehemalige Reichsstadt Aalen und weiter nach Ellwangen. Diese Stadt ist zwar weder eine Staufergründung, noch gehörte sie zum einstigen staufischen Besitz, sondern sie war als Sitz von Fürstpröbsten der Mittelpunkt eines eigenständigen Herrschaftsgebildes. Dennoch birgt Ellwangen das wohl bedeutendste Zeugnis stauferzeitlichen Kirchenbaus in seinen Mauern und sollte – obwohl nicht offiziell an der Straße der Staufer gelegen – von keinem Stauferinteressierten »links liegen« gelassen werden. Überragt von der barocken Wallfahrtskirche Schönenberg und der mächtigen Renaissance-Schloßanlage dominiert der wuchtige romanische Bau der St. Veit-Basilika das Stadtbild. Dieses heutige Stadtbild ist das Ergebnis einer über 1200jährigen Geschichte, die mit einer kleinen Siedlung namens »Elehenwang« – was soviel wie »abschüssige Wiese« bedeutet – begann, und durch die Vereinigung dieser ursprünglichen Siedlung mit der später um das alte Kloster entstandenen Bürgersiedlung in der ersten Hälfte des 13. Jahrhunderts und der erstmaligen Bezeichnung als Stadt im Jahre 1229 ihren vorläufigen Höhepunkt in der Stauferzeit erreichte. In der Stadt wurde, als Zeichen ihrer Orientierung auf das geistige Zentrum der Klosterkirche hin, ein Straßennetz angelegt, das sternförmig von der Basilika ausgeht. Dieser – im Gegensatz zu den charakteristischen Stauferstädten – typische Grundriß einer Klosterstadt blieb trotz zahlreicher Stadtbrände bis heute in einzigartiger Weise erhalten. Uneingeschränkter Mittelpunkt und Wahrzeichen Ellwangens ist aber die ehemalige Klosterkirche, in ihrem heutigen Erscheinungsbild der mindestens dritte Kirchenbau an dieser Stelle. Die bereits um 850 verfaßte »Vita Hariolfi« des Ellwanger Mönchs und späteren Passauer Bischofs Ermerich, berichtet von der Stiftung eines Klosters im Virngrund durch die edlen Brüder Hariolf und Erlolf, das Ende des 8., Anfang des 9. Jahrhunderts schon zu den großen Reichsabteien zählte und seit dem

Die Basilika St. Veit in Ellwangen, eine der imposantesten Kirchenbauten der Stauferzeit

St. Veit Basilica in Ellwangen, one of the most impressive church buildings from the Staufer period

11. Jahrhundert, begünstigt von Kaisern und Königen, auch zu großer politischer Bedeutung aufstieg. Die bestehende Basilika und ehemalige Klosterkirche St. Veit, in mittelalterlichen Quellen meist als »monosterium« (Münster) betitelt, entstand in der Zeit zwischen 1182 und 1233. Die Hauptbauphase fällt damit in die Regierungszeit des Abtes Kuni I., einem loyalen Anhänger des staufischen Kaiserhauses und Berater Kaiser Friedrichs II. Der monumentale Bau aus der Stauferzeit, wohl das Werk einer nordschwäbisch-fränkischen Bauhütte, gilt heute nicht nur als die bedeutendste romanische Gewölbebasilika Schwabens, sondern auch als das hervorragendste sakrale Baudenkmal der staufischen Kaiserzeit in deren Stammland. Obwohl im Grundriß und den Ausmaßen eher bescheiden gehalten, gleichen Fassaden und Erscheinungsbild von St. Veit schon eher einem der großen romanischen Kaiserdome als den gleichzeitig entstandenen Klosterkirchen Schwabens. Architektonische Anregungen der rheinischen Dome in Mainz und Worms für die Ellwanger Basilika sind unverkennbar und die Dominanz der Architektur über die nur sparsam verwendete Dekoration unterscheidet den harmonischen, hochaufragenden Bau grundsätzlich von der zeitgleichen innerschwäbischen Baukunst. Am eindrücklichsten dokumentieren dies die am wenigsten veränderten und am klarsten gegliederten Teile der Kirche, die Ostseite und die Westvorhalle. Aus der romanischen Entstehungszeit selbst sind in der Basilika im wesentlichen noch vier Raumteile erhalten: die bereits genannte Westvorhalle, die darüberliegende Michaelskapelle, die erst nachträglich eingebaute Krypta sowie das schon mit Rippen unterlegte Kreuzgewölbe im Chor. Im krassen Gegensatz zu diesen ursprünglichen Elementen steht die zwischen 1737 und 1740 erfolgte barocke Innenausstattung der Basilika. Trotz der Barockverkleidung ist jedoch die Struktur des ursprünglichen Kircheninneren noch gut zu erkennen, vor allem der als Besonderheit dieser Ellwanger Kirche geltende dreigeschossige Wandaufbau. St. Veit zählt nicht nur architektonisch gesehen zum Bautypus der Basilika, sondern wurde im Januar 1964 von Papst Paul VI. auch in den Ehrenrang einer päpstlichen »Basilica minor« erhoben. Das hierfür ausgestellte Breve würdigt die Kirche dabei, vollkommen zu Recht, wie folgt: »Wenn zu den Kennzeichen einer Basilika eine reiche geschichtliche Vergangenheit, kultische und religiöse Bedeutung sowie auserlesene Werke höchster Kunst gehören, so verdient die Pfarrkirche der Stadt Ellwangen, die dem ruhmreichen Märtyrer Vitus geweiht ist, diesen Ehrentitel.«

Mönche im Skriptorium (Schreibstube) eines Klosters

Monks in a monastery scriptorium (writing room)

Nicht nur die romanische Architektur, sondern auch ihre Bedeutung für Kunst und Kultur, machen diese Ellwanger Basilika und ehemalige Klosterkirche also zu einem bedeutenden Zeugnis der Stauferzeit. Und es sind – wie wir mittlerweile gesehen haben – immer wieder besonders die Kirchen und Klöster an der Straße der Staufer, die uns heutzutage bevorzugt Einblicke in die Kunst und Kultur der staufischen Epoche, ja unmittelbaren Zugang zur Stauferzeit generell vermitteln. Klöster und Kultur bildeten zu dieser Zeit eine Einheit, denn Kunst und Kultur wurde vorrangig in diesen geistlichen Zentren gepflegt und verwirklicht. Seit dem Frühmittelalter waren allein die Klöster Träger und Garanten von Kunst und Kultur, denn sie allein besaßen die geistigen und materiellen Voraussetzungen zu deren Gestaltung, Pflege und Überlieferung.

Daher vermitteln bis heute auch die ehemaligen oder noch bestehenden Klöster des Stauferlandes bevorzugt und besonders einprägsam das künstlerische und kulturelle Schaffen des staufischen Hochmittelalters. Daß Klöster aber auch durchaus auf der Schattenseite staufischer Politik stehen konnten und die Staufer zeitweilig selbst mit diesen geistlich-kulturellen Institutionen wenig zimperlich umsprangen, wenn diese den staufischen Interessen entgegenstanden, dafür steht das Kloster Neresheim als Beispiel. Im Machtstreit zwischen dem Stauferkaiser Friedrich II. und der päpstlichen Kurie mußte Neresheim mehrfach Brandstiftung und Raub über sich ergehen lassen. Wie alle Klöster, die sich zur Hirsauer Reform bekannten, stand die Abtei loyal auf Seiten des Papstes und wurde dafür von König Konrad IV. (1237–1254), dem Sohn des gebannten Kaisers Friedrich II., zwischen 1246 und 1249 nicht weniger als dreimal niedergebrannt. Überhaupt kann dieses, östlich der Straße der Staufer nicht direkt an der Route gelegene Kloster auf eine durchaus bewegte Geschichte zurückblicken. Im Jahr 1095 hatten Graf Hartmann von Dillingen-Kyburg und seine Gemahlin an der Stelle einer ihrer Burgen auf dem Härtsfeld ein Chorherrenstift gegründet. Der Name »Härtsfeld«, was so viel bedeutet wie »hartes Feld«, sagt schon vieles aus über die oft reichlich unwirtlichen klimatischen Bedingungen dieser Ostalbregion. Vielleicht war das rauhe Klima auch der Grund dafür, daß die Chorherren bereits nach zehn Jahren den Standort wieder verließen und danach (1106) Benediktiner des Klosters Petershausen bei Konstanz hierher berufen wurden. Doch auch von diesen wanderten viele wieder ab, so daß der Konvent 1119 mit neuen Brüdern aus Zwiefalten verstärkt werden mußte.

Kloster Neresheim, die Krone des Härtsfelds

Neresheim Monastery; the crowning piece of the Härtsfeld

Durch die von Haus aus bereits an der Hirsauer Reform orientierten Zwiefaltener Mönche erhielt Neresheim dann auch seine päpstliche Prägung, die dem Kloster in der Stauferzeit schließlich mehrfach zum Verhängnis wurde. Im 13. Jahrhundert, also zum Ende der Stauferzeit, erreichte die Abtei durch Landausbau, Käufe und Schenkungen ihren größten Besitzstand, und vom 12. Jahrhundert bis zur Mitte des 13. Jahrhunderts bestand Neresheim, wie viele Klöster jener Zeit, sogar als Doppelkloster für Mönche und Nonnen. Nach dem Aussterben der Grafen von Dillingen (1258) zwangen die Grafen von Oettingen-Wallerstein die Abtei gewaltsam unter ihre Vogtei, was zu einem 500jährigen Rechtsstreit führte, bis Neresheim schließlich 1764 reichsfrei wurde.

Die bewegte Geschichte des Klosters trug auch dazu bei, daß nichts von den romanischen-stauferzeitlichen Anfangsbauten übriggeblieben ist. Und dennoch birgt Neresheim mit seiner Klosterkirche heute ein unvergleichliches architektonisches Juwel. Dieser zwischen 1750 und 1770 an Stelle des alten romanischen Vorgängerbaus errichtete Barockbau gilt als das wohl vollendetste und imposanteste Spätwerk des großen fränkischen Baumeisters Balthasar Neumann. Seine geniale Raumschöpfung im Innern der von außen eher bieder wirkenden Klosterkirche, ergänzt durch die ausdrucksstarken, farbgewaltigen Deckenfresken des Südtiroler Meisters Martin Knoller, bilden ein wohl einzigartiges Gesamtkunstwerk und einen absoluten Höhepunkt barocker Sakralbaukunst in Schwaben. Damit thront Kloster Neresheim wahrlich wie eine von wertvollen Edelsteinen gezierte Krone über dem Härtsfeld, hoch auf dem Ulrichsberg, der seinen Namen im übrigen dem heiligen Bischof Ulrich von Augsburg verdankt, einem Angehörigen der Neresheimer Gründerdynastie der Grafen von Dillingen.

Die beeindruckenden Deckenfresken von Martin Knoller in der Klosterkirche Neresheim

The impressive ceiling frescos by Martin Knoller in the monastery church in Neresheim

Im weiteren Verlauf unseres Abstechers abseits der Straße der Staufer über Ellwangen und Neresheim, gelangen wir zwar nicht bis in die heutige Stadt Dillingen, dem einstigen Sitz der Neresheim-Gründer, dafür aber zwischen Neresheim und Dischingen zu einem, ja wohl *dem* Zeugnis staufischen Burgenbaus: der Burg Katzenstein. Sie verkörpert, bis heute nahezu vollständig erhalten, den Idealtyp einer mittelalterlichen Stauferburg. Als Besitzer sind erstmals Ende des 11. Jahrhunderts die Herren »de Cazzenstein« genannt. Die

Burg Katzenstein, der Idealtyp einer Stauferburg

Katzenstein Castle, exemplary type of Staufer castle

ebenflächigen Kalksteinquader am Sockel des sogenannten »Katzenturms« (Bergfrieds) sind dieser Zeit zuzurechnen und stehen im zeitlichen wie stilistischen Gegensatz zu den noch bestens erhaltenen staufischen Buckelquadermauern am Schaft des Bergfrieds. Dieser hochaufragende Bergfried ist es vor allem, der die Burg als Urbild eines mittelalterlichen Wehrbaus erscheinen läßt. Neben diesem markantesten Bau sind in Katzenstein aus staufischer Zeit noch die Ringmauer, ein Teil des Palas mit einer Brunnenhalle sowie ein Kapellentrakt mit romanisch-frühgotischen Stilelementen erhalten. Im Chor der Kapelle wurden bei Renovierungsarbeiten 1974 teilweise bis zu drei übereinanderliegende Schichten von Wandmalereien entdeckt. Freigelegt wurde dann schließlich die ursprüngliche, aus der Zeit um 1250/80 stammende Ausmalung: ein Bilderzyklus um das Hauptthema des Jüngsten Gerichts, der zweifellos zu den wichtigsten Freskomalereien aus der Übergangszeit von der Spätromanik zur Frühgotik in Schwaben zählt.

Etwa 20 km südwestlich von Katzenstein stoßen wir in Giengen an der Brenz wieder auf die Straße der Staufer. Die Burg und das Gebiet um Giengen gehörten zu den ältesten Besitztümern der Staufer im östlichen Teil des Herzogtums Schwaben. Adela von Vohburg, die erste und später verstoßene Gemahlin Friedrich Barbarossas, hatte die Güter 1147 in die Ehe mit eingebracht, und in den folgenden Jahren bildete Giengen den Mittelpunkt des Stauferbesitzes im Brenztal. Dementsprechend erhielt die bereits im späten 11. Jahrhundert nachweisbare Burg nun durch Kaiser Friedrich I. den Charakter einer Pfalz, also eines festen Aufenthaltsorts des Herrschers auf seinen Rundreisen durch das Reich. Von hier aus initiierte Barbarossa unter anderem 1171 die Reform des nahegelegenen Kanonikerstifts Herbrechtingen und besetzte es fortan mit Augustiner-Chorherren. Noch zweimal weilte der

Der Panscherbrunnen vor dem Rathaus in Giengen an der Brenz

The “Panscher Fountain” outside the town hall in Giengen an der Brenz

Kaiser später in Giengen, und dabei dürfte sich dann auch das Ereignis zugetragen haben, an welches der sogenannte »Panscher-Brunnen« vor dem Giengener Rathaus erinnert. Sparsam wie die Schwaben nun mal sind, sollen die Giengener dem Kaiser einen reichlich mit Wasser gestreckten Wein gereicht haben, woraufhin der Rotbart nur lakonisch bemerkte: »Den habt ihr aber schön gepanscht.« Außer dieser weniger schmeichelhaften Begebenheit erinnert heute in Giengen leider nur noch wenig an die einstige stauferzeitliche Bedeutung. Lediglich einige Reste in der Nordwestecke der ehemaligen Stadtbefestigung und Teile der romanischen Pfeilerbasilika in der heutigen evangelischen Stadtkirche stammen noch aus der Stauferzeit. Die wenigen erhaltenen Formelemente des staufischen Baus lassen darauf schließen, daß die Stadtkirche vor ihrer Zerstörung 1634 und der anschließenden völligen Neugestaltung wohl der Johanniskirche in Schwäbisch Gmünd sehr ähnlich gewesen sein muß.

Ein wahres Kleinod staufischer Romanik findet sich dagegen knappe 10 km brenzaufwärts südöstlich von Giengen in der Gemeinde Brenz. Auf einer Anhöhe inmitten des Ortes thront die romanische St. Galluskirche, deren erster Vorgängerbau aus Stein bereits 875 als »capella prenza« in einer Urkunde König Ludwigs des Deutschen Erwähnung gefunden hat. St. Gallus ist ein hervorragendes Zeugnis der schwäbischen Spätromanik und der bereits von oberitalienischen Einflüssen geprägten Bauplastik dieser Epoche. Der älteste Bauteil

Die romanische St. Gallus-Kirche in Sontheim-Brenz

The Roman St. Gallus Church in Sontheim-Brenz

der Kirche ist das Mitte des 12. Jahrhunderts entstandene Westwerk, zu dessen Errichtung eventuell sogar Kaiser Barbarossa selbst den Anstoß gegeben haben könnte, nachdem Brenz als Teil der Mitgift Adelas von Vohburg 1147 dem Staufer zugefallen war. Der dreigeschossige Rechteckturm mit Herrschaftsempore und die beiden flankierenden Rundtürme lassen architektonische Anlehnungen an die ebenfalls durch zwei Rundtürme charakterisierte Lorcher Klosterkirche erkennen.

Langhaus, Chor und Apsiden stammen, im Gegensatz zum Westwerk, erst aus der 2. Hälfte des 12. Jahrhunderts. Während die Außenfronten der dreischiffigen Säulenbasilika durch variantenreiche Bauplastik, Bogenfriese oder ebenso phantastische wie geheimnisvolle Darstellungen von Tieren, Menschen und Fabelwesen sehr reiche und differenzierte Gestaltungen aufweisen, strahlt der flachgedeckte Innenraum eine sehr schlichte Monumentalität aus. Besonders die gedrungenen Säulen, mit ihren von seltsamen Tier- und Blattornamenten gezierten Würfelkapitellen, fallen dem Betrachter ins Auge. Stilkritische Vergleiche mit anderen stauferzeitlichen Kirchen in Deutschland lassen die Datierung des Baus der heutigen Galluskirche auf das Ende des 12. Jahrhunderts als realistisch erscheinen. Damit wäre dieses Gotteshaus das älteste der sogenannten »Schwäbischen Schmuckkirchen« und somit nicht nur älter, sondern wohl auch vorbildhaft für die anderen bedeutenden romanischen Kirchen des Stauferlandes, die Johanniskirche von Schwäbisch Gmünd und die Stiftskirche in Faurndau.

Auf einen gänzlich anderen, wenn auch ungefähr zeitgleichen Bautyp als St.Gallus stößt man, der Straße der Staufer folgend, in Bissingen ob Lonetal. Die dortige, zu Beginn des 13. Jahrhunderts inmitten des hochgelegenen Friedhofs errichtete und mit einer Wehrmauer umgebene Kirche zählt zum Typus der Chorturmanlagen, wie sie in schwäbischen Dörfern häufig zu finden sind.

Leider liegen über die Entstehungsgeschichte der Bissinger Kirche keine urkundlichen Belege vor, da die alte Alamannensiedlung erst 1356 erstmals schriftlich erwähnt wurde, als sich verschiedene adelige Familien der Umgebung noch die Eigentumsrechte an der Ortschaft teilten.
Zwei solche niederadelige Familien saßen wohl auch auf den beiden, heute nur noch als Ruinen erhaltenen Burgen Falkenstein und Eselsburg auf Anhöhen über der Brenzschleife südlich von Herbrechtingen. Diese Burgen stammen aus der Stauferzeit und ihre Bewohner standen wohl auch in irgendeiner Beziehung zum staufischen Haus. Geblieben ist von ihnen allerdings nicht mehr viel, außer einigen Sagen, die sich um sie ranken, und deren bekannteste sicherlich die von den Steinernen Jungfrauen im Eselsburger Tal ist. Sie erzählt von einem hübschen, aber auch stolzen und hartherzigen Burgfräulein, das einst auf der Eselsburg lebte. Kein Freier erschien ihr gut genug; die Jahre ver-

Das Eselsburger Tal mit den Felsnadeln der „Steinernen Jungfrauen“

Eselsburg Valley with the craggy cliffs of the “Stone Virgins” (Steinerne Jungfrauen)

gingen, in denen sie immer älter wurde und allmählich kam kein Heiratskandidat mehr auf die Burg. Das verbitterte das Fräulein so, daß sie alle Männer zu hassen begann und auch ihren beiden jungen Mägden jeglichen Kontakt zu Männern streng verbot. Doch insgeheim vergnügten sich die Mädchen beim allabendlichen Wasserholen an der Brenz mit den jungen Fischern am Fluß. Als ihre Herrin dies erfuhr, verfluchte sie die ungehorsamen Mägde und rief: »Werdet zu Stein!« Auf ihrer Flucht von der Burg erstarrten die beiden Jungfrauen dann tatsächlich zu Stein und sie stehen seitdem als zwei markante Felsen am Fischweiher im Eselsburger Tal. Doch auch die Burgherrin traf das Schicksal sogleich: Noch in derselben Nacht wurde sie vom Blitz erschlagen und die Eselsburg brannte vollständig nieder. Das adelige Burgfräulein hat so gesehen keine bleibenden Spuren hinterlassen, doch ihr Fluch hat – sollte er denn wirklich der Anlaß gewesen sein – im landschaftlich besonders reizvollen Eselsburger Tal mit den beiden Felsnadeln der Steinernen Jungfrauen zwei Naturerscheinungen geschaffen, die weit über das Brenztal hinaus bekannt geworden sind. Eine weitere Sage rankt sich auch um die Gründung des Klosters Anhausen am Ausgang des Eselsburger Tales. Ihr zufolge geht sie auf den letzten Falkensteiner Georg zurück, der damit eine schwere Schuld, die auf seiner Familie lastete, sühnen wollte. Sein Vater Kuno von Falkenstein und dessen enger Freund Bruno hatten sich nämlich schicksalhafterweise in dasselbe Mädchen verliebt. Emilie, so hieß die

Das ehemalige Kloster Herbrechtingen

The former monastery at Herbrechtingen

Angebetete, versprach sich Bruno, was den Falkensteiner so erzürnte, daß er Bruno auf der Jagd ermordete und Emilie später selbst heiratete. Bald nach der Geburt des Sohnes Georg starb Emilie, und Kuno wurde mehr und mehr von Schwermut umfangen. Auf dem Sterbebett gestand er dem Sohn seine einstige Freveltat und Georg eilte daraufhin zum Ort des Geschehens. Dort erschien ihm der Geist des ermordeten Bruno und sprach Kuno von seiner Schuld frei. Der zutiefst erschütterte Georg aber verkaufte nach dem Tod des Vaters seine Burg und erbaute dafür das Kloster Anhausen, wo er bis an sein Lebensende als Mönch lebte. In Wirklichkeit weiß man, daß das Kloster im Jahre 1125 gegründet wurde, daß die Stifter Verwandte der Staufer waren und das Kloster mit reichem Landbesitz ausgestattet hatten. Die Staufer wiederum traten anfangs als Schutzherren von Anhausen in Erscheinung.

Ebenso besaßen die Staufer zunächst auch die Vogtei über das nicht weit entfernte Kloster Herbrechtingen, nachdem Barbarossa das vom Salierkaiser Heinrich III. gegründete Kollegiatstift geerbt und in ein Augustiner-Chorherrenstift umgewandelt hatte. Vom Kloster der staufischen Epoche haben sich nur noch geringe Reste erhalten, denn die Gebäude, welche den alten Klosterhof umgeben, stammen aus der Zeit nach der Reformation. Dafür reicht die Geschichte vom Herbrechtinger Klosterschatz, die man sich noch heute erzählt, bis ins 12. Jahrhundert zurück. Sie spielt in der Zeit, als das Kloster Herbrechtingen noch das Recht besaß, den Pfarrer der nahen Reichsstadt Giengen zu stellen – sehr zum Ärger der Giengener. Eines Tages nun beobachtete der Geißenpeter, ein Höriger des Klosters, wie ein Mönch einen Beutel voller Goldstücke in einer Kassette verschloß. Er erzählte dies in Giengen und schon bald danach überfielen einige wagemutige Reichsstädter das Kloster. Im allgemeinen Getümmel konnte der Geißenpeter den Schatz entwenden und in einem Topf auf seinem Acker vergraben. Dummerweise war aber nach dem allgemeinen Morden keiner mehr übrig, der von dem Schatz wußte und so blieb er viele Jahrhunderte im Boden verborgen, bis im Jahre 1900 ein Steinbrecher einen Topf mit fast 100 wertvollen Goldmünzen aus dem 12. und 13. Jahrhundert fand.

War der Münzenfund in Herbrechtingen eher ein zufälliger Glücksfall, so darf bei den 1980/81 im weiter brenzaufwärts gelegenen Heidenheim durchgeführten Grabungen gezielte Absicht und archäologischer Forscherdrang vorausgesetzt werden. Dort nämlich legte man in systematischen Ausgrabungen eine ausgedehnte römische Thermenanlage frei, die heute als Museum im Römerbad zugänglich ist und die frühe Bedeutung Heidenheims als römische Garnisonsstadt dokumentiert. Nahezu 1000 Jahre vor den Staufern war die Kreisstadt als »Aquileia« militärisches und wirtschaftliches Zentrum im Grenzbereich zwischen antiker und barbarischer Welt. Die mittelalterliche Geschichte Heidenheims wiederum ist eng verknüpft mit der Burg Hellenstein, die seit dem 11. Jahrhundert die ihr zu Füßen liegende Burgsiedlung beherrschte, so wie heute das Schloß Hellenstein das Heidenheimer Stadtbild. Als mit Herzog Friedrich I. noch der erste Staufer das schwäbische Herzogamt innehatte, ist 1096 ein »Gozpert de Halensteine« im Gefolge des Markgrafen Diepold III. von Vohburg erwähnt, dem späteren Schwiegervater des Stauferkaisers Friedrich

Die Ruine der staufischen Burg Hellenstein, heute ein Teil der Schloßanlage über Heidenheim

The ruins of the Staufer Castle at Hellenstein which today form part of the castle complex above Heidenheim

Barbarossa. Gozpert erbaute gegenüber der alten Alamannensiedlung auf dem Felsen über der Brenz die erste Burg, die seinen Namen »Halenstein« (Hellenstein) trug. Als das Vohburger Erbe 1147 an die Staufer gelangte, wurde Adalbert von Hellenstein, Gozperts Sohn, zum Lehensmann Barbarossas. Ein Degenhard von Hellenstein taucht dann bis 1182 häufig in kaiserlichen Urkunden als Zeuge auf, was darauf schließen läßt, daß er in einem besonders engen persönlichen Verhältnis zu Kaiser Barbarossa stand. Nachweislich nahm er an mehreren Italienzügen des Kaisers teil und dieser übertrug ihm gar das Amt des Prokurators (Verwalters) aller Königsgüter in Schwaben.
Die Burg Hellenstein des 11. Jahrhunderts fiel im Sommer 1530 einer Brandkatastrophe zum Opfer, wurde danach jedoch von den damaligen Besitzern, den Herzögen von Württemberg, als Schloß Hellenstein und württembergische Renaissanceresidenz wieder aufgebaut. Von der stauferzeitlichen Burg im Westteil der heutigen Schloßanlage blieb nur noch eine Ruine übrig, doch diese hat es – im wahrsten Sinne des Wortes – »in sich«. Denn in dem noch von staufischem Buckelquadermauerwerk umrahmten Innenbereich der einstigen Burg finden alljährlich die inzwischen weitbekannten Heidenheimer Opernfestspiele statt. Neben dem Museum Schloß Hellenstein und dem Museum für Kutschen, Chaisen und Karren, die sich im Schloß befinden, sind die Festspiele heute einer der Hauptanziehungspunkte von Hellenstein, ja von Heidenheim generell.

Wandern im Wental, ein besonderes Naturerlebnis

Walking in the Wen Valley, a special way of experiencing nature

Der Nordtrauf der Schwäbischen Alb, das Tal von Kocher und Brenz im Osten sowie das Rehgebirge im Westen umgrenzen eine Hochfläche der Schwäbischen Alb. Wohl nirgendwo im ganzen Stauferland sind bis heute so viele Volkssagen und Legenden so konzentriert überliefert wie in der Region des Albuchs, der dementsprechend auch nicht zu Unrecht und im wahrsten Sinne des Wortes als »sagenhafter Albuch« bezeichnet wird. Die weite Hochfläche, durchzogen von mehreren Trockentälern mit teilweise bizarren Felsformationen, die ausgedehnten Wälder und Wacholderheiden verleihen dieser Landschaft schon einen gewissen mythischen Hauch und lassen nicht verwundern, daß gerade hier die Entstehung von Geschichten und Sagen besonders reiche Blüten trieb. Zahlreiche keltische Grabhügel in den Wäldern als Zeugnisse einer frühen Besiedlung des Albuchs und die aufgrund der nahen Hüttenwerke im Brenz- und Kochertal hier einst intensiv betriebene »Schwarze Kunst« der Köhlerei, trugen überdies wohl das ihrige dazu bei. Und nicht zuletzt ist ein Teil dieser Region, das Steinheimer Becken,

Der Wanderschäfer und seine Herde gehören zum Landschaftsbild des Albuch

The shepherd and his flock are an integral part of the Albuch landscape

nachweislich »überirdischen« Ursprungs, nämlich durch den Einschlag eines Meteoriten aus den Tiefen des Weltalls vor Jahrmillionen entstanden. Glaubt man der Sage, so sind auch der Rosenstein und der Scheuelberg bei Heubach einst von überirdischen Mächten geprägt worden. Vom Rosenstein aus soll der Satan dereinst dem Herrn Christus die Herrlichkeiten der Welt gezeigt haben, um ihn zu versuchen. Der Herr aber blieb bekanntermaßen standhaft und warf den Verführer in eine finstere Schlucht, die sogenannte Teufelsklinge. Mit zwei großen Schritten begab sich Christus sodann vom Rosenstein auf den Scheuelberg und von dort ins Himmelreich, womit eine so bezeichnete Hochebene bei Heubach gemeint ist. Dabei hat Jesus am Rosenstein den Abdruck seines rechten und auf dem gegenüberliegenden Scheuelberg den seines linken Fußes hinterlassen, die als »Herrgottstritte« bezeichnet wurden und lange Zeit noch zu sehen waren. Dem Volksglauben nach soll das in den Tritten angesammelte Wasser wundertätig bei der Heilung von Augenleiden gewirkt haben.
Weniger in göttlich-überirdischen Sphären als diese Sage von Herrgottstritten und Teufelsklinge, sondern eher bodenständig und landschaftsbezogen sind dagegen die vielen anderen Legenden, die sich um Ruinen, Wälder oder bestimmte Personen bzw. Wesen spinnen.
So zum Beispiel die Geschichten vom Raubritter vom Rosenstein, die Sagen vom einstigen Schloß Lauterburg, von der Burg Herwartstein oder von der Quelle des Flüßchens Pfeffer. Der Bilzhannes, das Wentalweible oder der rote Zwerg vom Wental sind Gestalten, die noch heute durch die Erzählungen geistern und auch der verruchte Mord des Schäfers vom Wollenberg an seiner Frau ist noch nicht vergessen. Auch den Namen »Birke-Schnalzger«, wie die Einwohner von Bartholomä genannt werden, weiß der Volksmund zu erklären. Denn die Bartholomäer hatten eine eigenwillige Technik entwickelt, um sich das zum Besenbinden benötigte Birkenreisig zu beschaffen. Sie hängten sich an die Astspitzen junger Birken bis die Zweige auf den Boden reichten, schnitten diese dann ab und ließen die Bäume dann wieder zurück »schnalzen«. Bei Bartholomä, in Irmannsweiler, stand in früherer Zeit auch eine Wasserburg, was auf der Hochfläche der verkarsteten und dadurch sehr wasserarmen Schwäbischen Alb schon eine fast sagenhafte Besonderheit an sich darstellte.
Also »Sagenhaftes« allerorten auf dem Albuch und darüber hinaus, denn auch auf dem Weg von der Hochfläche hinunter ins Filstal nach Geislingen könnte man eventuell der Weißen Frau vom Roggental begegnen.

TIP FÜR MUSIKLIEBHABER:
DIE OPERNFESTSPIELE HEIDENHEIM

Zweifellos sind die alljährlich im Juli und August unter freiem Himmel stattfindenden Festspiele der Höhepunkt im Kulturleben der Stadt Heidenheim und weit darüber hinaus. Namhafte Solisten und Orchester sowie das Ambiente des Spielortes, die Ruine der alten Stauferburg, gewährleisten jedem Opern- und Operettenfan eindrucksvolle und unvergeßliche Erlebnisse. Doch auch die weiteren Veranstaltungen im Umfeld der Opernfestspiele – Schloßserenaden, Open-Air- und andere Konzerte klassischer oder moderner Prägung – bürgen für Qualität und vielschichtigen Kunstgenuß.

Die Heidenheimer Opernfestspiele stehen aber nur exemplarisch für eine Vielzahl von Konzerten und sonstigen musikalischen Angeboten, Festspielen, Festivals und Theateraufführungen im gesamten Stauferland. All diese kulturellen Veranstaltungen können nicht nur in attraktiven Pauschalangeboten von Besuchern einzeln oder im Verbund gebucht werden, sondern sie bewahren auch eine Kulturtradition im Stammland der Staufer, die bereits in deren Blütezeit ihre Anfänge nahm und die Stauferzeit auch in kultureller Hinsicht zur wohl bedeutendsten und nachhaltigsten Epoche des europäischen Mittelalters werden ließ.

Kulturblüte in der Stauferzeit

Die Zeit des Hohen Mittelalters zwischen 1175 und 1270, also die Zeit der Könige und Kaiser aus dem Staufergeschlecht, benennt die deutsche Kulturgeschichte heutzutage als die ritterliche, staufische oder höfische Epoche, vor allem aber als Blütezeit der mittelalterlichen Dichtung. Die Zeitgenossen selbst bezeichneten ihre Zeit bereits als »hövisch« oder »hovelîch« (höfisch), womit sie bereits darauf hinwiesen, daß die neu entstandene Literaturszene sich meist im Umfeld weltlicher Fürstenhöfe entwickelte. Hatte die vorausgegangene Salierzeit noch vorwiegend geistliche Dichtung mit religiöser Thematik hervorgebracht, so machte sich die Dichtung der staufischen Zeit weltliche Themen zum Inhalt. Träger dieser auch durch neue Regeln und Formen geprägten Literatur war in erster Linie das in der Stauferzeit zu seinem bislang höchsten Selbstbewußtsein und sozialen Ansehen gelangte Rittertum. Dementsprechend diente die hochmittelalterliche Dichtung vor allem dem Zweck der Selbstverherrlichung des Ritterstandes, seiner Ideale und Tugenden, die da hießen »mâze« (Maß), »zuht« (Zucht, Disziplin), »hoher muot« (seelische Hochstimmung), »froide« (Freude), »êre« (Ehre), »triuwe« und »staete« (Treue und Standhaftigkeit) sowie »milte« (Milde, Nachsicht). Zum zentralen Begriff aber wird die Minne, eine neuartige Form der Frauenverehrung, der man erzieherische Kräfte zugesteht und die die Frau geradezu zum inspirierenden und disziplinierenden Element des Ritterstandes erhebt. Der adelige Ritter wirbt in seiner Dichtung um die Gunst einer hochgestellten, für ihn unerreichbaren Dame, die seine Werbung nicht erhört und ihn zur Entsagung aber auch zur »Erhöhung« seines Charakters und seiner ritterlichen Tugenden veranlaßt. Die Form der sogenannten »hohen« oder »höfischen minne« geht auf französische Einflüsse zurück und wird in der Stauferzeit vor allem von dem auch politisch und sozial emporgestiegenen, das Rittertum vorwiegend repräsentierenden Ministerialenstand getragen. Die fürstlichen, den ritterlichen Idealen nicht minder verpflichteten Herren wiederum wurden die Auftraggeber und Gönner der dichtenden Ritter. Die bekanntesten und bedeutendsten von ihnen sind als feste Größen in die deutsche Literaturgeschichte eingegangen: Gottfried von Straßburg, Heinrich von Veldeke, Konrad von Würzburg, Reinmar der Alte,

Kaiser Heinrich VI. als Minnesänger in der Manessischen Liederhandschrift

Emperor Henry VI as minnesinger in the Manesse manuscript

Auch Konradin, der „letzte Staufer", ist in der Manessischen Handschrift verewigt.

Konradin, the "Last of the Staufer" was also immortalised in the Manesse manuscript.

Wolfram von Eschenbach, Ritter und Verfasser höfischer Epen

Wolfram von Eschenbach, knight and author of metrical romances

Walther von der Vogelweide, der bekannteste Poet und Minnesänger der Stauferzeit

Walther von der Vogelweide, the best known poet and minnesinger of the Staufer period

Rudolf von Erms, Neidhardt von Reuental sowie natürlich Hartmann von Aue, Wolfram von Eschenbach und Walther von der Vogelweide. Etliche von ihnen sind im Umfeld der Stauferherrscher, ja sogar unmittelbar in staufischen Diensten bezeugt. Selbst der Stauferkaiser Heinrich VI. hat Gedichte und Minnelieder verfaßt, in denen er sein dienendes Werben sowie seinen Kummer über die unerfüllte Liebe besingt und um der Geliebten willen gerne auf seine Krone verzichten würde. Zusammen mit seinem Urenkel Konradin und vielen anderen Dichterkollegen ist Heinrich auch in der im 14. Jahrhundert entstandenen Großen Heidelberger oder Mannessischen Liederhandschrift – der wohl bedeutendsten Sammlung hochmittelalterlicher Dichtung – abgebildet und aufgeführt.

Neben den Minneliedern war es vor allem die sogenannte »höfische Epik«, die mit Großepen wie »Eneide«, »Tristan«, »Parzival«, »Erec« und »Iwein«, um nur die bekanntesten zu nennen, den Verfassern Heinrich von Veldeke, Wolfram von Eschenbach und Hartmann von Aue bleibenden Ruhm erbrachten.

Auch diese großen Epiker bearbeiteten zumeist tradierte Stoffe aus dem französischen Bereich, in deren Mittelpunkt stets die Gloriengestalt des Königs Artus und seiner Tafelrunde stand. Artus und seine Ritter verkörperten formvollendet die Ideale des höfischen Lebens und des Rittertums, wurden in den Dichtungen hochstilisiert und agierten in einer märchenhaften Welt ohne konkrete Zeit- und Ortsbezüge. Im Gegensatz dazu kommentieren die politischen Dichtungen Walthers von der Vogelweide und Reinmars von Zweter konkret die Zeitumstände in der Phase des Thronstreites zwischen dem Staufer Philipp von Schwaben und dem Welfen Otto IV. sowie in der Regierungszeit Kaiser Friedrichs II. Vor allem Walthers Lyrik spiegelt den damaligen desolaten Zustand des Reiches sowie die politisch und gesellschaftlich oft verworrene Situation zum Teil schonungslos wider. Als zumeist treuer Parteigänger der Staufer hat Walther auch den Alleinschuldigen an all diesen Widrigkeiten stets erkannt und heftigst angegriffen: den Papst. Walther und Reinmar stehen mit ihrer Spruchdichtung allerdings bereits für die Endphase der höfischen Epoche, einer Blütezeit der deutschen Literatur, in der sich – ausgehend von der Machtentfaltung des staufischen Kaisertums – eine gewisse selbständige deutsche Kultur entwickelt hatte, indem das adelige Rittertum sich von der bisherigen kulturellen Dominanz der Kirche löste und sich seine eigene, standesorientierte weltliche Kultur schuf. Dabei besaß speziell das süddeutsch-schwäbische Stamm- und Kernland der Staufer in dieser Epoche als kulturbildender und tragender Raum eine ganz wesentliche Funktion und Bedeutung.

DER ROUTE ENTLANG

Im Tal der Fils

In **Geislingen an der Steige** sollte man den Schleier der Verzauberung durch Sagen und Geschichten, der uns auf dem Albuch umfangen hat, nun endgültig lüften und den Blick wieder auf den realen Zauber dieser Stadt richten. Denn sie gehört heute zu den wenigen Städten im staufischen Stammland, in denen sich die Struktur ihrer ältesten mittelalterlichen Stadtanlage noch weitgehend unverfälscht erhalten hat. Geislingen ist eine typische Stauferstadt, zu deren Gründung sowohl die verkehrstechnisch bedeutende Lage am Albaufstieg (der Steige), als auch die dort gelegene ertragreiche Zollstelle an der Handelsstraße zwischen dem Mittelmeerraum und den Niederlanden den Anlaß gaben. Die Zollstelle selbst war im Besitz der Grafen von Helfenstein, die wiederum für die Staufer zu den wichtigsten Gefolgsleuten ihres Stammlandes zählten. Eberhard der Ältere von Helfenstein erbaute auch oberhalb der Steige um 1100 die gleichnamige Burg, deren Ruine als ein weiteres Zeugnis staufischen Burgenbaus noch immer die Stadt überragt. Nur 50 Jahre später starb die ursprüngliche Helfensteiner-Familie im Mannesstamm aus. Eine Enkelin Eberhards des Älteren hatte zuvor bereits Ludwig von Spitzenberg geheiratet und dieser Ludwig IV., Graf von Helfenstein-Spitzenberg, wiederum ist mehrfach im Gefolge Kaiser Friedrich Barbarossas nachgewiesen. Lud-

Die Ruine Helfenstein über Geislingen an der Steige

Helfenstein ruins above Geislingen an der Steige

wig nannte sich von 1183 bis 1185 auch Graf von Sigmaringen und damit wurden die Helfensteiner auch zum Namensgeber einer Grafendynastie, die später ihren Einfluß auf weite Teile des süddeutschen Raumes ausdehnte und unter den Hohenzollern in den Fürstenrang aufstieg.
Die Helfensteiner hatten ihre Besitztümer – darunter rund 20 Burgen – von den Staufern als Lehen erhalten. Den Kern der 1237 erstmals erwähnten Stadt Geislingen bildete wohl der Alte Zoll. Dieses Fachwerkhaus aus dem Jahr 1495 beherrscht heute die Fußgängerzone und steht an dem Platz eines noch viel früher von den Helfensteinern errichteten Zollgebäudes. Ein weiterer Blickfang der Fußgängerzone ist auch der sogenannte »Forellenbrunnen« von 1981/82, dessen Name von dem Gedicht Christian Friedrich David Schubarts herrührt, welches dieser vermutlich in seiner Geislinger Zeit geschaffen hat und das in der Vertonung von Franz Schubert als »Forellen-Quintett« weltbekannt geworden ist. Was aber, so fragt sich der Betrachter des Brunnens, hat neben den vielen Forellen der plump auf dem Brunnen liegende Elefant für einen Bezug zu Geislingen? Nun, der Elefant war das Wappentier der Helfensteiner und tauchte 1376 erstmals in einem Siegel auf. Es bleibt jedoch ein Rätsel, weshalb sich die Helfensteiner gerade für dieses, im Europa des Mittelalters doch noch äußerst exotische Wappentier entschieden haben. Zwei Erklärungen wären denkbar: Zum einen haben die Helfensteiner als Gefolgsleute der Staufer bei deren Kreuzzügen in Palästina sicher die dortigen Kriegselefanten kennengelernt; zum anderen könnte auch der Aufenthalt Kaiser Friedrichs II. 1237 in Geislingen den Anstoß gegeben haben. Bekanntermaßen war Friedrich II. ja oft mit einer ganzen Menagerie exotischer Tiere, also auch Elefanten, unterwegs, und da sein Besuch in die Zeit der Stadterhebung Geislingens fällt, könnte der Elefant bei diesem Anlaß als Symbol der Stärke in das Wappen der Helfensteiner gelangt sein. Eine dritte Möglichkeit wäre auch die, daß es sich um ein sogenanntes »redendes« Wappen handeln könnte, d. h. das Wort »Elefant« sich verstümmelt in dem Namen »Hel(e)f(ant)enstein« versteckt und die Stärke des Geschlechts widerspiegeln soll.

Der Forellenbrunnen mit dem Elefanten in Geislingen

The “Trout fountain” (Forellenbrunnen) with the elephant in Geislingen

Bei seinem Aufenthalt im Filstal im Jahr 1237 ist Kaiser Friedrich II. sicherlich auch durch die Gemeinde Süßen gezogen, wo sich heute das einzige im Stauferland noch erhal-

Das romanische Vortragekreuz in der Marienkirche von Süßen

The Roman processional cross in St. Mary's Church at Süßen

tene, bewegliche romanische Kunstwerk aus staufischer Zeit befindet. In der spätgotischen Marienkirche von Süßen steht als Altarkreuz die originalgetreue Nachbildung eines Vortragekreuzes aus der zweiten Hälfte des 12. Jahrhunderts; das Original wird sicher im Kirchenschatz von St. Marien aufbewahrt. Möglicherweise entstammt das Kreuz der Werkstatt eines oberschwäbischen Klosters und ist über das Kloster Anhausen/Brenz in den Besitz der Süßener Marienkapelle gelangt. Die verklärten und nicht leidenden Gesichtszüge, das bis zu den Knien reichende Lendentuch, die parallel gestellten und nicht gekreuzten Füße sowie eine doppelte Seilkrone anstelle der Dornenkrone des Bronzechristus dokumentieren eindrücklich die für die romanische Kunst typische Kreuzigungsdarstellung mit Christus als triumphierendem König jenseits aller Leiden. Erst in der Gotik entwickelte sich dann die uns weitaus geläufigere Darstellungsweise des leidenden Christus am Kreuz.

Vor dem Besuch der Marienkapelle am Friedhof von Süßen sollte man aber auf dem Weg von Geislingen nach Göppingen noch einen Halt in der Süßener Nachbargemeinde Giengen an der Fils einlegen und die dortige Johanneskirche aufsuchen. Doch nicht etwa der im 13. Jahrhundert errichtete, sich zur Seite neigende Turm ist der Grund dafür, sondern das Nordportal der Kirche. Dort wurde 1891 ein von einem früheren Kirchenbau stammender Stein entdeckt, der die älteste Kircheninschrift Deutschlands aus dem Jahre 984 trägt, also aus der Kaiserzeit der Ottonen, die das Imperium errichtet hatten, das die Salier und Staufer in den folgenden Jahrhunderten regierten.

Im Filstal zwischen Geislingen und Göppingen befinden wir uns nun bereits wieder im Blickfeld der eingangs bereits beschriebenen Drei-Kaiser-Berge und einiger staufischer Burgen rund um den Hohenstaufen. Am Fuße dieses Berges liegt die Hohenstaufenstadt Göppingen, die ihre Gründung ebenfalls den Staufern verdankt. Demzufolge zeigte der ursprüngliche Stadtgrundriß das typische Stauferschema eines Straßenmarktes, gelegen an der Fernverbindung zwischen Brügge und Venedig. Zwar mag der Stauferherzog Friedrich II. von Schwaben als der eigentliche Stadtgründer Göppingens gelten und Kaiser Barbarossa hier 1154 geurkundet haben, doch die Ursprünge Göppingens liegen historisch gesehen viel weiter zurück. Wie die Endung »-ingen« anzeigt, stammt der Name bereits aus alamannischer Zeit. Er ist zurückzuführen auf einen Alamannenführer Geppo, der hier im Filstal eine Siedlung gegründet hatte, die nach ihm »Geppingen« genannt wurde. Nach dem Untergang der Staufer gelangte die Stadt 1273 an die Grafen von Württemberg, die sie zur Amtsstadt machten. Davon zeugt heute noch das von Herzog Christoph von Württemberg (1515–1568) im Renaissancestil errichtete Schloß mit der berühmten Rebensteige. Zwei Stadtbrände (1425 und 1782) führten zur fast völligen Zerstörung der ältesten Bausubstanzen Göppingens, dessen Stadtbild heute weitestgehend von klassizistischer Architektur und Stadtplanung geprägt ist. Als ältestes Bauwerk der Stadt blieb die gotische, 1436 auf den Fundamenten eines romanischen Vorgängerbaus errichtete Oberhofenkirche. In deren südlicher Eingangshalle ist ein Fresko aus der zweiten Hälfte des 15. Jahrhunderts erhalten, auf dem eine Darstellung der Burg Hohenstaufen zu sehen ist. Es handelt sich dabei um die wohl

Die silberne Taufschale Kaiser Friedrichs I. Barbarossa

The silver baptism font for Emperor Frederick I Barbarossa

älteste Ansicht der Stauferstammburg, die wir heutzutage kennen. Von den Stadtbränden ist auch das einstige Stadthaus der Reichsfreien von Liebenstein verschont geblieben, in dem sich seit 1949 das Städtische Museum im »Storchen« befindet, in dessen Erdgeschoß die »Stauferhalle« eingerichtet ist. Dort finden sich bedeutende Originale und Nachbildungen zur Geschichte, Kunst und Kultur der Staufer und ihrer Zeit, so z. B. die Totenmaske der staufischen Stammmutter Hildegard von Egisheim, der Cappenberger Barbarossakopf, die Taufschale Kaiser Friedrichs I. Barbarossa, staufische Gold- und Silbermünzen (Brakteaten), Urkundenkopien und die Originalplastiken von den Außenwänden der Stiftskirche Faurndau.

Die Kalkbüste der Hildegard von Egisheim, ein naturgetreues Porträt der Stammutter der Staufer

The lime bust of Hildegard von Egisheim, a lifelike portrait impression of the progenitress of the Staufer family

Im Göppinger »Museum im Storchen« sind, wie beschrieben, auch die jahrhundertelang der Witterung ausgesetzten Originalplastiken der Stiftskirche Faurndau in Sicherheit gebracht worden. Sie zählen zu den bedeutendsten Zeugnissen sakraler Skulpturenkunst der Stauferzeit und tragen mit dazu bei, daß die Faurndauer Kirche heute zu den hochran-

Die romanische Stiftskirche in Faurndau

The Romanesque Collegiate Church in Faurndau

gigsten Baudenkmalen staufisch-spätromanischer Sakralarchitektur in Süddeutschland gehört. Die Kirche in ihrer erhaltenen Form stammt aus der Zeit um 1200, doch sind mehrere Vorgängerbauten nachgewiesen. Bereits 875 ist ein kleines Kloster namens »Furentowa« erwähnt, das später in den Besitz des Klosters St. Gallen gelangte. Um 1200 wiederum hatten die Staufer die Vogteirechte über St. Gallen inne, was darauf schließen läßt, daß sie auch an dem in diese Zeit fallenden Kirchenbau von Faurndau ihren Anteil hatten. Die Stiftskirche, eine dreischiffige Säulenbasilika, zeigt den für die spätstaufische Architektur typischen, dominierenden Turm über der Westfassade sowie die aufsteigende Gliederung von Apsis, Chor und Ostgiebel. An den Außenseiten dieser drei Bauglieder befinden sich Kopien der teils bizarren, in ihrer Symbolik für uns oft nicht mehr deutbaren Skulpturen, deren Originale man im Göppinger Museum im Storchen aus der Nähe betrachten kann.

Speziell der Reichtum an Plastiken und architektonischen Zierformen verleiht der Stiftskirche von Faurndau ihren besonderen Stellenwert innerhalb der süddeutschen Romanik und macht sie – neben St. Johannis in Gmünd, St. Veit in Ellwangen und St. Gallus in Brenz – zum bedeutendsten staufisch-romanischen Sakralbau im Stauferland. So reich der äußere Skulpturenschmuck ist, so schlicht und in diesem Sinne ganz romanisch präsentiert sich das Kircheninnere: das hohe, flach eingedeckte Mittelschiff, die wuchtigen Säulen und Seitenwände sowie der hohe Triumphbogen mit Blick auf Chor und Apsis vermitteln den originären Eindruck eines romanischen Kirchenbaus. Einige mit Pflanzenmustern verzierte Kapitelle verraten dagegen bereits die beginnende Frühgotik, ebenso wie die aus der Zeit um 1300 stammenden Fresken im Chor und in der Apsis. Dennoch gehören sie zu den ältesten kirchlichen Wandmalereien im Stauferland.

Innenansicht der Faurndauer Stiftskirche

Interior view of the Collegiate Church in Faurndau

TIP FÜR MUSEUMSFREUNDE: MUSEEN IM STAUFERLAND

Das Museum »im Storchen« ist beileibe nicht das einzige in Göppingen. Das Märklin-Museum der dort ansässigen, weltberühmten Spielzeug- und Modellbahnfirma, das Jüdische Museum in Jebenhausen, die Städtische Naturkundliche Sammlung und die Städtische Galerie, eine Mooreichen-Sammlung und, last but not least, der Dokumentationsraum für staufische Geschichte im Stadtteil Hohenstaufen – alle diese Einrichtungen dokumentieren eindrücklich die Bedeutung Göppingens als Museen-Stadt. Nicht minder dicht ist auch das Netz bedeutender, oftmals einzigartiger und origineller Museen und Sammlungen, das sich über das gesamte Stauferland ausbreitet und diese Region zu einer wahren Fundgrube für Museumsfreunde und Kulturinteressierte macht.
Eine umfassende Auflistung dieser Museen und Sammlungen befindet sich im Anhang des Buches.

Das „Museum im Storchen“ in Göppingen. Im Erdgeschoß befindet sich die Stauferhalle.

The “Museum im Storchen” in Göppingen. The Staufer Hall is situated on the ground floor.

Modell der Burg Hohenstaufen (Zustand nach ihrer Erbauung um 1100)

Model of Hohenstaufen Castle (after its construction in 1100)

Originalplastiken von der Stiftskirche Faurndau im Museum im Storchen

Original sculptures from the Collegiate Church at Faurndau in the “Museum im Storchen”

DER ROUTE ENTLANG

Vom Albrand zum Schurwald

Wie Faurndau kann auch die Stiftskirche St. Cyriakus im nur wenige Kilometer südlich von Göppingen gelegenen Boll den Anspruch erheben, eine der ältesten Kirchenbauten des Stauferlandes zu sein. Der Sage nach soll die Heilige Berta, die Gründerin des nordfranzösischen Klosters Blagny bei Arras, bereits um das Jahr 700 die Kirche in Boll gegründet haben. Wahrscheinlich aber geht die Gründung zurück auf die staufische Gräfin Berta von Ravenstein, auch Berta von Boll genannt. Obwohl weitaus weniger bekannt als viele ihrer vor allem männlichen Anverwandten, muß sie zu den großen hochadeligen Frauengestalten des 12. Jahrhunderts gezählt werden. Sie war, um 1090 geboren, die Tochter des ersten staufischen Schwabenherzogs Friedrich I. und der salischen Kaisertochter Agnes von Waiblingen, die Schwester des ersten Stauferkönigs Konrad III. und die Tante des ersten Stauferkaisers Friedrich Barbarossa. Aus Bertas erster Ehe mit Adalbert von Ravenstein stammte die Tochter Luitgard, die später als Markgräfin von Meißen zur Stammutter der Wettiner wurde, welche jahrhundertelang als Herzöge und Könige über Sachsen herrschten. Nach dem Tod ihres zweiten Gatten Graf Heinrich von Berg (1138) zog sich Berta vermutlich auf ihr Witwengut nach Boll zurück, wo sie die Kirche St. Cyriakus erbauen ließ, in der sie wahrscheinlich auch bestattet liegt. In Boll und Umgebung ist Berta in Sage und Überlieferung bis heute lebendig geblieben und wird, wohl auch aufgrund ihrer persönlichen Frömmigkeit, in alten Schriften als »Sannt Berchta« bezeichnet. Jahrhundertelang hatte sich in Boll der Brauch erhalten, daß jede Familie aus einer Stiftung, die Berta eingerichtet hatte, an deren Gedenktag ca. 20 kg Dinkelmehl und -brot erhielt. Bertas vermutliche Gründung, die Stiftskirche, fand zusammen mit dem Ort Boll erstmals Erwähnung in einer Urkunde ihres Neffen Friedrich Barbarossa aus dem Jahr 1155, von der eine Kopie im Göppinger Museum »im Storchen« zu sehen ist. Der Kirchenbau selbst, eine spätromanische, dreischiffige Basilika, erlebte im Laufe der Jahr-

St.Cyriakus in Boll

St. Cyriakus Church in Boll

Der Innenraum von St. Cyriakus

The interior of St. Cyriakus

hunderte mehrere Umbauten. Trotz zahlreicher Veränderungen vermittelt aber der schlichte, wuchtige Innenraum mit seinen Pfeilerarkaden und dem hochragenden Triumphbogen noch besonders den originären Eindruck staufischer Kirchenbaukunst. Von der alten Ausstattung der Entstehungszeit sind ein zum Opferstock umgearbeitetes Weihwasserbecken sowie der romanische Taufstein vor dem Altar erhalten.

Bademöglichkeiten, zwar nicht im Thermalwasser, doch in einem idyllisch gelegenen kleinen See oder im Erlebnisbad »Klosterpark«, findet der Gast auch im nordwestlich von Göppingen gelegenen Adelberg. Dorthin, stets begleitet vom Blick auf den Hohenstaufen, führt uns von Boll aus die letzte Wegstrecke auf der Straße der Staufer. Unterwegs sollte man in Wangen-Oberwälden einen Halt einlegen und die dortige Nikolauskirche besuchen. Im kreuzrippengewölbten Chor dieses 1187 erstmals erwähnten Gotteshaus sind schöne Fresken aus der Zeit um 1300 erhalten geblieben. Neben einer Darstellung des Schmerzensmannes verdient speziell das Bildnis der Schutzmantelmadonna besondere Aufmerksamkeit, denn es zählt zu den ältesten überlieferten Darstellungen dieses Motivs überhaupt in Süddeutschland.

Die St. Nikolaus-Kirche in Wangen-Oberwälden

St. Nicholas Church in Wangen-Oberwälden

TIP FÜR GESUNDHEITSSUCHENDE: BÄDER IM STAUFERLAND

Heutzutage ist Boll wohl weniger wegen seiner stauferzeitlichen romanischen Stiftskirche bekannt, sondern als Kur- und Erholungsort mit seinen Schwefel- und Thermalquellen im Ortsteil Bad Boll. Bereits seit 1477 kennt man das heilkräftige Schwefelbad, das schon früh als »Wunderbad« gepriesen wurde.

Die älteste Brunnenfassung des heilkräftigen Wassers von Bad Boll

The oldest wellcurb for the healing waters of Bad Boll

Noch weitaus älter ist das traditionsreichste unter den Heilbädern der Schwäbischen Alb: Bad Überkingen im Oberen Filstal nahe Geislingen. Schon im 12. Jahrhundert, also noch zur Stauferzeit, war die Heilkraft des dortigen Sauerbrunnens bekannt und die Grafen von Helfenstein errichteten hier ein Bad. Einem Sauerbrunnen, der bereits im 15. Jahrhundert sehr geschätzt war, verdankt auch das zwischen Boll und Bad Überkingen im Oberen Filstal gelegene Heilbad Bad Ditzenbach seine Bekanntheit. Hier erschloß man in den 60er Jahren unseres Jahrhunderts mit den ersten Thermalwasser-Tiefbohrungen auf der Schwäbischen Alb zwei heilkräftige Quellen. Nicht zuletzt sprudeln auch in der Hohenstaufenstadt Göppingen seit alters her weit bekannte Mineralquellen. Auch hier blühte bereits im 16. Jahrhundert ein reger Badebetrieb der vor allem durch zahlreiche Aufenthalte des württembergischen Herzogs Christoph begünstigt wurde. Geologen haben die Alb wegen ihrer reichen Thermalwasservorkommen schon mit einem »großen unterirdischen Faß« verglichen, und hier im südlichen Bereich des Stauferlandes sind diese heilsamen Schätze in modernen Bädern und Kurbetrieben dem Erholungs- und Gesundheitssuchenden zugänglich gemacht.

»Hie Welf- Hie Waibling« – Machtkämpfe im Stauferreich

Auf dem Weg von Boll nach Adelberg macht die Straße der Staufer einen größeren Bogen über die Höhe des Schurwaldes und bis an den Rand des Remstals. Etwa 20 km weiter remsabwärts liegt die Stadt Waiblingen, deren Name in der Stauferzeit zum Synonym für die großen herrschaftspolitischen Gegensätze der Zeit wurde. »Hie Welf – Hie Waibling« schallte als Kampfruf gegnerischer Parteien im 12. und 13. Jahrhundert jahrzehntelang durch Deutschland und Italien. »Welf« und »Waibling« waren dabei Parteibezeichnungen, die aus dem Gegensatz zwischen Welfen und Staufern (Waiblingern) herrührten, der im 12. Jahrhundert begonnen hatte und sich bis zum Ende der Stauferzeit hinzog. Das Gebiet um Waiblingen war ein altes salisches Eigengut und mit der Heirat zwischen der salischen Kaisertochter Agnes und dem staufischen Schwabenherzog Friedrich I. an die Staufer gelangt. Daher die Betitelung des Staufergeschlechts als »Waiblinger«. Im Konflikt zwischen dem ersten Stauferkönig Konrad III. und den ebenfalls die deutsche Krone beanspruchenden Welfen, soll nun im Verlauf der Schlacht von Weinsberg (1140) erstmals der Schlachtruf »Hie Welf – Hie Waibling« erklungen sein. Anfang des 13. Jahrhunderts übertrugen sich dann diese Bezeichnungen in den italienischen Übersetzungen »Guelfen« (Welfen) und »Ghibellinen« (Waiblinger) als Parteinamen auf die rivalisierenden Parteien in den oberitalienischen Städten, wobei Ghibellinen für die Anhänger der staufischen Kaiser und Guelfen für deren Gegner stand. Nach dem Untergang der Staufer standen die Namen dann letztlich für die Gegensätze zwischen dem Adel (Ghibellinen) und dem Volk (Guelfen), bis Papst Benedikt XIII. die Bezeichnungen schließlich 1334 unter Androhung des Kirchenbannes verbot. Die Vorgänger Papst Benedikts hatten zuvor mit den Stauferkaisern jahrzehntelang im Streit um die Vorherrschaft der geistlichen oder weltlichen Macht in Europa und die Unterordnung der einen unter die andere gelegen. Ausgebrochen war dieser Konflikt um die Vormachtstellung bereits zwischen Kaiser Friedrich Barbarossa und Papst Hadrian IV., und er setzte sich die ganze Stauferzeit über fort, bis hin zu der großen, die damalige Welt in ihren Grundfesten erschütternden Auseinandersetzung zwischen Kaiser Friedrich II. und mehreren Päpsten. Auch in diesem Konflikt tauchten die Namen »Ghibellinen« und »Guelfen« wieder als Bezeichnungen für die kaiser- bzw. papsttreue Partei auf.

Papst und Kaiser, die höchsten Autoritäten des christlichen Abendlandes (Darstellung aus dem „Sachsenspiegel")

Pope and Emperor, the supreme powers in the Christian west. (Representation from the „Sachsenspiegel")

Die Gründungsgeschichte des Klosters Adelberg (Freskenzyklus in der Ulrichskapelle)

The story of the foundation of Adelberg Monastery (cycle of frescos in the Ulrich Chapel)

Vom Rande des Remstales nun aber endgültig nach Adelberg, der letzten Station unserer Reise entlang der Straße der Staufer. Die heutige Gemeinde und der außerhalb liegende einstige Klosterbezirk sind noch immer deutlich voneinander getrennt. Volknand von Ebersberg, ein enger Verwandter Friedrich Barbarossas und Burgvogt auf dem Hohenstaufen, stiftete in der zweiten Hälfte des 12. Jahrhunderts das Kloster in Sichtweite der staufischen Stammburg. Dabei hatte er es anscheinend gar nicht so einfach, denn als er seine Güter um die 1054 geweihte Ulrichskapelle zunächst den Zisterziensern zum Bau eines Klosters anbot, lehnten diese wegen der Unwirtlichkeit der Gegend ab. Erst 1178 konnte er dann Prämonstratensermönche für einen Klosterbau gewinnen. Zweimal taucht dann Kaiser Friedrich Barbarossa in den folgenden Jahren unmittelbar in der Klosterchronik auf: 1181 übernahm er, im Zuge seines Aufenthalts auf dem Hohenstaufen, den Schutz des Klosters und übertrug dem jeweiligen Burgvogt der Stammburg die Vogtei des Klosters Adelberg; 1188, kurz vor dem Aufbruch zum für ihn tödlich endenden 3. Kreuzzug, war er gemeinsam mit seinen drei Söhnen bei der Weihe des Hochaltars der Klosterkirche anwesend. Durch seine enge Beziehung zu den Staufern erhielt das Kloster von diesen und ihren Ministerialen zahlreiche Güter und Privilegien übertragen und wurde auch zur Ausbildungsstätte für die Söhne der in der Umgebung ansässigen Adelsfamilien.

Unter anderem erhielt hier auch Barbarossas jüngster Sohn, der ursprünglich für den geistlichen Stand vorgesehene spätere König Philipp von Schwaben, seine Erziehung.

Nach dem Untergang der Staufer gelangte Adelberg dann an die Grafen von Württemberg. Die weitgehende Zerstörung im Bauernkrieg hat vom einstigen Klosterkomplex nur noch

Die Ulrichskapelle im ehemaligen Klosterbezirk von Adelberg

Ulrich Chapel in the former monastery district of Adelberg

den Fruchtkasten, die Prälatur und die in ihrer heutigen Form um 1500 erbaute Ulrichskapelle übriggelassen. Im Innern dieser Kapelle ziehen vor allem der um 1511 entstandene gotische Flügelaltar, ein Meisterwerk der Ulmer Künstlerschule, sowie ein Bilderzyklus des 16. Jahrhunderts an der Nordwand die Blicke der Besucher an. Das Fresko dokumentiert die Gründungsgeschichte des Klosters Adelberg, wobei auf den beiden unteren Bildern neben dem Gründer Volknand auch Kaiser Friedrich Barbarossa mit seinen Söhnen und dem staufischen Wappen dargestellt sind. Speziell dieses Wappen weist dabei noch eine heraldische Besonderheit auf: bei genauerer Betrachtung fällt auf, daß die drei goldenen (gelben) Stauferlöwen hier nicht, wie sonst üblich, auf einem schwarzen Wappenschild prangen, sondern die Schildfarbe eher ein dunkles Rot ist. Bedeutet dies, wie manche Heraldiker vermuten, daß die staufischen Farben eventuell gar nicht schwarz und gelb sondern rot und gelb waren, was wiederum bedeuten würde, daß damit auch die am alten Stauferwappen orientierten Landesfarben von Baden-Württemberg nicht stimmen könnten?

Sei es dahingestellt, in Adelberg jedenfalls schließt sich der Kreis unserer Route unterwegs auf der Straße der Staufer, denn von hier aus sind es nur noch wenige Kilometer bis nach Wäschenbeuren, wo unsere Reise begonnen und wo einst die Wiege der Staufer gestanden hat. Ein letztes Mal grüßt auf diesem Weg der Hohenstaufen den Besucher als der »Horst, von dem aus die Adler in die (mittelalterliche) Welt flogen«, um sie zu erobern, als alles überragendes, ewiges Zeugnis für das Nachleben des Staufergeschlechts bis in unsere Tage. Denn in einer Vielzahl von Bauten und historischen Zeugnissen, in Traditionen, Brauchtum, Festen und Namensgebungen, aber vor allem im Bewußtsein der Menschen, sind die Staufer im Stauferland stets spürbar und allgegenwärtig geblieben. Doch auch darüber hinaus, in anderen deutschen Landschaften und Bauwerken, in vielen Sagen und Erzählungen, ja letztendlich durch ihre Verherrlichung in der deutschen Literatur der Romantik, ist dem mittelalterlichen Königs- und Kaisergeschlecht der Hohenstaufen ein Bekanntheitsgrad und ein Nachleben sicher, wie wohl keinem anderen Herrschergeschlecht des vermeintlich so »dunklen« Mittelalters. Und auch die Straße der Staufer, in der ursprünglichen Heimat und an der Wiege der Staufer, leistet seit nunmehr 20 Jahren ihren bedeutenden Beitrag zur Pflege dieses Nachlebens, um die Erinnerung an die Staufer wach, ja lebendig zu halten, und das Geschlecht vor dem Verschwinden in eben diesem Dunkel des Mittelalters zu bewahren.

DIE STRASSE DER STAUFER AUF EINEN BLICK

Die Straße der Staufer ist über 300 km lang und berührt nahezu alle bedeutenden Punkte, die mit der Geschichte, der Kunst, Kultur und Politik der Staufer in ihrer engsten Heimat zusammenhängen. Wahrzeichen dieser Landschaft ist der charakteristische Bergkegel des Hohenstaufen mit dem dort eingerichteten Dokumentationsraum staufischer Geschichte. Hier hatten die Staufer seit etwa 1079 ihre Stammburg und Heimat. Die Straße der Staufer zeigt den Weg zur Wiege des bedeutendsten Geschlechts deutscher und europäischer Geschichte des 11. bis 13. Jh.s.

Göppingen

Stadtschloß mit städt. Museum »Storchen«. Dort Stauferhalle mit hervorragenden Exponaten, Originalen und Kopien zur Geschichte, Kunst und Kultur der Stauferzeit (z. B. Büste der Hildegard von Egisheim, Cappenberger-Barbarossa-Kopf, Triumphatorstatue von Capua, Silberbrakteaten und Skulpturen der Stiftskirche von Göppingen-Faurndau). (Siehe S. 48–49)

Bad Boll

Stiftskirche St. Cyriakus (1140). Romanische, noch nahezu stilrein erhaltene Pfeilerbasilika. Das ehemalige Chorherrenstift wurde von Gräfin Berta, einer staufischen Herzogstochter, erbaut. (Siehe S. 52–53)

Göppingen-Faurndau

Ehemalige Stiftskirche. Bedeutende spätromanische Basilika um 1200. Variantenreicher Skulpturenschmuck (Ostgiebel) und frühgotische Malereien im Innern. (Siehe S. 50)

Wangen-Oberwälden

Nikolauskirche (Ersterwähnung 1187). Kreuzrippengewölbter Chor mit Fresken um 1300. Bilder des Schmerzenmannes und der Schutzmantelmadonna (zählen zu den ältesten Darstellungen dieser Motive überhaupt). (Siehe S. 53)

Adelberg

Ehemaliges Prämonstratenser-Kloster (gegründet 1178 von einem Vetter Barbarossas). In der Reformationszeit aufgehoben. Heute noch vorhanden: Ulrichskapelle (um 1500, Freskenzyklus Anfang 16. Jh., Flügelaltar von 1511 aus der Ulmer Schule), Ölberggruppe (16. Jh.), Prälatur (17. Jh.), Fruchtkasten (1481), Torbau (1744), Klostermühle. (Siehe S. 56–57)

Schloß Hellenstein

Wäschenbeuren

Wäscherburg (1. Hälfte 13. Jh.). Vermutlich Stammsitz der Herren von Büren (Vorfahren der Staufer) bis zur Errichtung der Burg auf dem Hohenstaufen. Am besten erhaltene Burganlage aus der Stauferzeit. (Siehe S. 13)

Lorch

Ehemaliges Benediktinerkloster wurde um 1100 von Herzog Friedrich I. von Schwaben gegründet, diente bis zum 13. Jh. zeitweilig als Grablege der Staufer. Sehenswerte romanische Klosterkirche noch erhalten. Lorch war ehemals Standort eines römischen Kastells am Zusammentreffen des obergermanischen und rätischen Limes (rekonstruierter Limes-Wachturm beim Kloster). (Siehe S. 20–21)

Schwäbisch Gmünd

Älteste staufische Stadtanlage (1162). St. Johanniskirche (1. Hälfte 13. Jh.), spätromanische Pfeilerbasilika mit reichem plastischem Schmuck). Heilig-Kreuz-Münster (14. Jh.), erbaut von Heinrich und Peter Parler (älteste süddeutsche Hallenkirche). (Siehe S. 21–23)

Schwäbisch Gmünd-Rechberg

Burgruine Hohenrechberg (12. Jh.), zerstört 1865 durch Blitzschlag. Sitz der Herren von Rechberg (waren unter den Staufern Marschälle des Herzogtums Schwaben). Schöner Blick auf den Hohenstaufen, das Rehgebirge und den Albtrauf. (Siehe S. 26–27)

Donzdorf

Ruine Scharfenschloß (2. Hälfte 12. Jh.) als Burganlage nachweisbar, im 15./16. Jh. fast völlig verändert. Schloß Ramsberg, im 15./16. Jh. umgebaute Schloßanlage mit

Schwäbisch Gmünd

Buckelquader-Mauerresten und einzigartiger dreischiffiger spätromanischer Halle (Aufenthaltsraum der Burgmannschaft, sogenannte »Türnitz«). (Siehe S. 28–29)

Bartholomä

Ruine Lauterburg (nordöstlich des Ortes) (Siehe S. 42)

Königsbronn

Ruine Herwartstein (Siehe S. 42)

Dischingen

Burg Katzenstein (11. Jh.) Staufischer Wehrbau im spätromanisch-frühgotischen Stil. Burg noch vollständig erhalten (im Privatbesitz). Laurentiuskapelle mit Fresken des 13. Jh. (Siehe S. 35–36)

Giengen a. d. Brenz

Ehemalige Reichsstadt. Evangelische Stadtkirche (ursprünglich 13./14. Jh.). Reste von ehemaliger Burg und Stadtbefestigung. In der Nähe das Brenz- und Lonetal (Vogelherd- und Charlottenhöhle) und Ruine Güssenberg. (Siehe S. 36–37)

Sontheim a. d. Brenz

Galluskirche (Mitte 13. Jh.), spätromanischer Bau, reich an plastischem Schmuck, zählt neben der Stiftskirche Göppingen-Faurndau und St. Johannis in Schwäbisch Gmünd zu den »Juwelen« romanischen Sakralbaus im Stauferland. (Siehe S. 37–38)

Bissingen ob Lonetal

Kirche St. Martin. Mittelalterliche Chorturmanlage. In der Nähe die ehemalige (zerstörte) Eselsburg und das Lonetal (mehrere Höhlen und prähistorische Fundplätze). (Siehe S. 38–39)

Herbrechtingen

Ehemaliges Kloster (gegründet im 10. Jh., heutiges Gebäude aus 16./17. Jh.). In der Nähe Reste des ehemals staufischen Klosters Anhausen und der Burg Falkenstein. Bei Anhausen beginnt das Eselsburger-Tal (schönster Abschnitt des Brenztals). (Siehe S. 39)

Heidenheim

Schloß Hellenstein, ursprüngliche Burg des 11. Jh., heutige Bauten aus dem 16. Jh. Museum Schloß Hellenstein und Museum für Kutschen, Chaisen und Karren. Jährlich Opernfestspiele in der Burgruine. (Siehe S. 40–41)

Steinheim am Albuch

Ehemaliges Augustiner-Chorherrenstift. In der Nähe das Wental (romantisches Trokkental mit bizarren Felsbildungen). (Siehe S. 41–42)

Geislingen an der Steige

Ruine Helfenstein (erbaut um 1100), Sitz eines ehemals bedeutenden süddeutschen Grafengeschlechts. Ödenturm (ehemaliger Vorturm der Burg Helfenstein, heute Aussichtsturm). Stadtkirche (1. Hälfte 15. Jh.), dreischiffige spätgotische Basilika mit spätgotischem Chorgestühl und Altar aus der Ulmer Schule. (Siehe S. 46–47)

Süßen

Martinskirche mit romanischem Vortragekreuz (12. Jh.). Nördlich des Ortes Ruine Staufeneck (1. Hälfte 13. Jh.), mit guterhaltenem Buckelquader-Turm und hervorragendem Ausblick auf das Filstal und die Drei-Kaiser-Berge. (Siehe S. 47–48)

Hohenstaufen

Wahrzeichen des Stauferlandes. Dort stand ehemals die Stammburg der Staufer (erbaut 2. Hälfte 11. Jh., zerstört im Bauernkrieg 1525, Grundmauern erhalten). Der Bergkegel bildet zusammen mit dem Rechberg und dem Stuifen die sog. »Drei-Kaiser-Berge«. Am Fuße des Berges befinden sich der Dokumentationsraum für staufische Geschichte (Ausstellung und Zeitzeugnisse zur Heimat und Bedeutung des Staufergeschlechts und zur Stauferzeit) und die Barbarossakirche (ehemalige St. Jakobs-Kirche, älteste Teile aus dem 14. Jh., wappengeschmückter Westgiebel mit Wappen der staufischen Länder). (Siehe S. 12, 18–20)

Burg Staufeneck

Information:
Fremdenverkehrsgemeinschaft Stauferland
Im Kornhaus
D-73525 Schwäbisch Gmünd
Tel.: (0 71 71) 603–455
Fax: (0 71 71) 603–459

THE STAUFER ROAD AT A GLANCE

The Staufer Road is over 300 km long and runs through almost all the significant localities connected with the history, art, culture and politics of the Staufer heartland. The crowning piece of this landscape is the characteristic mountain cone of Hohenstaufen and the records room for the family's history established at the same site. This was the ancestral castle and abode of the Staufer family from about 1079. The Staufer Road traces a route to the birthplace of the most important dynasty in German and European history between the 11th and 13th century.

Göppingen

City castle with the »Storchen« Municipal Museum. The Staufer Hall with outstanding exhibits, originals and copies on the history, art and culture of the Staufer (e.g., a bust of Hildegard von Egisheim, the Cappenberger Barbarossa head, the Conqueror Statute of Capua. Silver coins and sculptures of the Collegiate Church of Göppingen-Faurndau). (See page 48–49)

Katzenstein castle

Bad Boll

St. Cyriakus Collegiate Church (1140). Romanesque, still almost perfectly preserved vaulted basilica. The former canonical choir cloister was constructed by Countess Berta, daughter of a Staufer Duke. (See page 52–53)

Göppingen-Faurndau

Former Collegiate Church. Important late Romanesque basilica from around 1200. Richly variegate collection of ornamental sculptures (east gable) and early Gothic paintings in interior. (See page 50)

Wangen-Oberwälden

St. Nicholas Church (Nikolauskirche) (first mentioned in 1187). Crossrib arched chancel with frescos dating from around 1300. Pictures of the Passion and Our Lady of the Protecting Veil (among some of the very oldest representations of this theme). (See page 53)

Adelberg

Former Premonstratensian monastery (founded in 1178 by one of Barbarossa's cousins). Dissolved during the Reformation. Still standing today. Ulrich Chapel (about 1500, cycle of frescos from start of the 16th century; winged altar from 1511 from the Ulm School). Mount of Olives group (16th century). Prelature (17th century). Fruit Store (1481). Arch construction (1744). Monastery mill. (See page 56–57)

Wäschenbeuren

Wäscher Castle (first half of 13th century). Presumed ancestral seat of the lords of Büren (forefathers of the Staufer) until the castle was built on Hohenstaufen. The best preserved castle complex from the Staufer period. (See page 13)

Lorch

The former Benedictine monastery was founded around 1100 by Frederick I, Duke of Swabia and served periodically as burial ground for the Staufer until the 13th century. The Romanesque monastery church is still standing and well worth a visit. Lorch was at one time the location of a small Roman fort at the meeting point of the Upper German and Rhaetian Limes (reconstructed Limes watch-tower at the monastery). (See page 20–21)

Schwäbisch Gmünd

The oldest Staufer town (1162). St. John's Church (St. Johanniskirche) (first half of 13th century), late Romanesque vaulted basilica with rich sculptural decorations. Holy Cross Minster (Heilig-Kreuz-Münster) (14th century) built by Heinrich and Peter Parler (oldest southern German hall church). (See page 21–23)

Schwäbisch Gmünd-Rechberg

Ruins of Hohenrechberg Castle (12th century), destroyed by lightning in 1865. Residence of the Lords of Rechberg (Marshals of the Duchy of Swabia under the Staufer). Beautiful view of Hohenstaufen, the Reh mountains and the edge of the Alb. (See page 26–27)

Donzdorf

Ruins of Scharfen Castle (second half of the 12th century) shown to be a former castle complex. In the 15/16th century, almost fully altered. Ramsberg Castle, in the 15/16th century rebuilt castle complex with ashlar wall remains and unique late Roman hall with centre bay and side aisles (day room of the castle troops, the so-called »Türnitz«). (See page 28–29)

Bartholomä

Lauterburg ruins (north east of the town) (See page 42)

Königsbronn

Herwartstein ruins (See page 42)

Dischingen

Katzenstein Castle (11th century), Staufer fortifications in the late Roman – early Gothic style. Castle still completely preserved (privately owned). Laurentius Chapel with frescos from the 13th century. (See page 35–36)

Giengen a. d. Brenz

Former imperial town. Evangelical town church (originally 13/14th century). Remains of former castle and town fortifications. The Brenz and Lone Valley (Vogelherd and Charlotte caves) and Güssenberg ruins are near by. (See page 36–37)

Sontheim a. d. Brenz

St. Gallus Church (mid 13th century), late Roman construction, richly adorned with sculptures, alongside the Collegiate Church in Göppingen-Faurndau and St. John's in Schwäbisch Gmünd, one of the »jewels« of Roman sacred building works in the land of the Staufer. (See page 37–38)

Bissingen ob Lonetal

St. Martin's Church, mediaeval chancel-tower complex. The former (destroyed) Eselsburg Castle and the Lonetal (Lone Valley with several caves and prehistoric excavation sites) are in the vicinity.
(See page 38–39)

Herbrechtingen

Former monastery (founded in 10th century; the buildings standing today date from the 16/17th century. Remains of the former Staufer monastery Anhausen and Falkenstein castle nearby. The Eselsburger Valley starts near Anhausen (most beautiful section of the Brenz Valley).
(See page 39)

Heidenheim

Hellenstein Castle, originally an 11th century castle; present day buildings date from 16th century. Hellenstein Castle Museum for coaches, post chaises and carriages. Annual opera festival in the castle ruins. (See page 40–41)

Steinheim am Albuch

Former Augustinian canonical choir cloister. The Wen Valley (Romantique dry valley with bizarre cliff formations) nearby.
(See page 41–42)

Geislingen an der Steige

Helfenstein ruins (built around 1100). Residence of a formerly important southern German family of earls. Ödenturm (former forward tower of Helfenstein Castle, today an observation tower). Town church (first half of the 15th century). Late Gothic basilica with transept, nave and side aisles and late Gothic chancel and altar from the Ulm School. (See page 46–47)

Süßen

St. Martin's Church with Romanesque processional cross (12th century). To the north, the ruins of Staufeneck (first half of the 13th century) with well-preserved ashlar tower and superb view of the Fils Valley and the Drei-Kaiser mountains.
(See page 47–48)

Hohenstaufen

Symbol of the Staufer territory. The ancestral castle of the Staufer originally stood at this site (built in the second half of the 11th century, destroyed in 1525 during the Peasants' War; the foundation walls remained). The mountain cone, Rechberg and Stuifen mountains together form the so-called »Drei Kaiser Mountains«. The records room for Staufer history (exhibition and contemporary records on the heartland and significance of the Staufer family) and the Barbarossa Church (former St. Jacob's Church, the oldest parts of which date from the 14th century; heraldic ornamented west aisle with coats of arms from the Staufer states) can all be found at the foot of the mountain. (See page 12, 18–20)

Information:
Stauferland Tourist Information Group
Im Kornhaus
D-73525 Schwäbisch Gmünd
Tel.: (0 71 71) 603–455
Fax: (0 71 71) 603–459

Göppingen with Hohenstaufen

MUSEEN IM STAUFERLAND

Adelberg

Dokumentation der Klostergeschichte und naturkundliches Informationszentrum, Kloster 5
1.4. bis 31.10.: Di.–Sa. 14–17 Uhr,
Sonn- u. Feiertage 11–17 Uhr

Bad Boll

Versteinerungen-Sammlung-Hohl zeigt Fossilien aus dem Erdmittelalter
Gruibinger Straße 35
Di., Do., Fr. 14–16 Uhr, So. 14–17 Uhr,
Telefon (07164) 6244

Puppenmuseum »Puppenkorb«, Klinge 10,
Telefon (07164) 2298
Juni bis August: Di. u. Do. 15–17 Uhr

Brunnenstube, kleiner Teil des Badgebäudes (16. Jh.), früher einer der tiefsten Mineralbrunnen Württembergs
Kurhaus Bad Boll
Telefon (07164) 810
Tägl. 9–12 und 15–17 Uhr, bei Gruppen vorherige Anmeldung erforderlich

Ellwangen/Jagst

Museum im Schloß Ellwangen
Stadtgeschichte, Fayencen
Di.–Fr. 14–17 Uhr, Sa./So./Feiertage: 10–12, 14–17 Uhr
Telefon (07961) 54380

Giengen/Brenz

Margarete-Steiff-Museum
Alleenstraße 2
Spielwaren der Firma Steiff
Mo.–Fr. 13–16 Uhr,
Sa. 8.30–12 Uhr,
Telefon (07322) 1311

Göppingen

Städtisches Museum »Storchen«,
Wühlestraße 36,
Di.–Fr. 14–17 Uhr,
Sa./So./Feiertag 10–12 und 14–17 Uhr,
Telefon (07161) 650427.

Märklin-Museum,
Holzheimer Straße 8,
Mo.–Fr. 9–16 Uhr,
Telefon (07161) 608289.

Heimatstuben und Dokumentation der Banater Schwaben, Darstellung des großen Schwabenzugs von 1712–1787 und ab 1945, Schloßstraße 14,
Mi. u. So. 10–12, 14.30–16.30 Uhr,
Sa. 14.30–16.30 Uhr.

Schönhengster Archiv und Heimatstube,
Heimatkundliches Material der Vertriebenen aus dem Sudetendeutschen Schönhengstgau,
Schloßstraße 14, Mo.–Fr. 10–12 Uhr,
Mo.–Do. 13–15 Uhr,
Telefon (07161) 69922.

Mooreichen-Sammlung
Baumstämme, Wurzelstöcke aus der Zeit 6000 v. Chr.,
Heininger Straße 20, Mo.–Do. 7.30–12, 13–16.30 Uhr, Fr. 7.30–12, 13–15.15 Uhr, Sa. 9–12 Uhr,
Telefon (07161) 60020

Göppingen-Hohenstaufen

Dokumentationsraum für staufische Geschichte, Kaiserbergsteige 22
Mitte März bis Mitte November
tägl. 10–12, 14–17 Uhr
Telefon (07165) 8736

Göppingen-Jebenhausen

Städt. Naturkundliches Museum,
Boller Straße 102,
Mitte April–Anfang November:
Mi., Sa., Sonn- und Feiertag:
10–12, 14–17 Uhr
Telefon (07161) 4742

Heidenheim

Kunstmuseum, Galerie der Stadt,
Marienstraße 4,
Weltgrößte Sammlung von Picasso-Plakaten und bedeutende HAP Grieshaber-Plakate

Di.–So. 10–12, 14–17 Uhr, Do. bis 19 Uhr, Telefon (07321) 327392.

Museum für Kutschen, Chaisen, Karren, Schloß Hellenstein, Geschichte des Reise- und Güterverkehrs in Südwestdeutschland, historische Fahrzeuge, März bis November: Di.–So. 10–12.30, 14–17 Uhr; Mai bis Oktober: jeden Sonntag durchgehend, So. bis 17 Uhr, Telefon (07321) 327394.

Museum im Römerbad, Theodor-Heuss-Straße 3, Zeugnisse römischer Zeit, Mi.–So. 10–12, 14–17 Uhr, Telefon (07321) 327397.

Museum Schloß Hellenstein, Vor- und Frühgeschichte, Stadtgeschichte, Heimat- und Volkskunst, sakrale Plastik, Ostersonntag bis 31. Okt. tägl. 10–12, 14–17 Uhr (außer Mo.), Telefon (07321) 43381

Heubach

Heimat- und Miedermuseum, im Rathaus, Heimatgeschichtliche Zeugnisse, Dokumente zur Entwicklung des Korsetts, Mo.–Fr. 8.15–12 Uhr, Do. 14–17.30 Uhr.

Königsbronn

Torbogen-, Wildschützen- und Landesfischereimuseum, Im Klosterhof 1, Dokumente zum Eisenerzabbau, Geschichte der Schwäbischen Hüttenwerke, April bis Oktober: Sonn- und Feiertage 10–16 Uhr, Telefon (07328) 820

Lorch

Heimatmuseum, Kloster, Mo.–Fr. 8–16 Uhr, So. 9.30–16 Uhr, Telefon (07172) 7430

Neresheim

Härtsfeldbahnmuseum, Dischinger Straße 11, Dokumente zur Härtsfeldbahn, 1. und 3. Sonntag im Monat 14–18 Uhr, Telefon (07361) 87587.

Härtsfeldmuseum, Hauptstraße 22, Stadtgeschichte, bäuerliche Geräte, Di. und Fr. 9–11 Uhr und 1. Sonntag im Monat 14–17 Uhr, Telefon (07361) 291

Oberkochen

Optisches Museum, Am Ölweiher Optische Modelle und Instrumente Mo. bis Fr. 10–13, 14–16 Uhr, So. 9-12 Uhr, Samstag und an Feiertagen geschlossen, Telefon (07364) 202878

Schwäbisch Gmünd

Museum für Natur- und Stadtkultur, Im Prediger, Landschafts- und Stadtgeschichte, Di.–So. 14–17 Uhr, Sa./So. 10–12 Uhr

Silberwaren- und Bijouteriemuseum/Ott-Pausersche-Fabrik, Milchgäßle 10, Silberwarenfabrik aus dem 19. Jahrhundert, Mi. und Sa. 14–17 Uhr, So. 10–12, 14–17 Uhr

Steinheim/Albuch

Heimatstube im Klosterhof, April bis Dezember 1. und 3. Sonntag im Monat

Meteoritenkrater-Museum, Hochfeldweg 4, Mo.–Fr. 9–12, 14–18 Uhr, So. 9–12, 14–17 Uhr, Telefon (07329) 7370

ORTSVERZEICHNIS

BILDNACHWEIS

Verkehrsamt Bad Boll: 52, 53 (oben)
Stadt Ellwangen: 32, 33
Fremdenverkehrsgemeinschaft Stauferland: 9, 26, 31
Stadt Geislingen: 47 (Foto: H. Gröner)
Albrecht Gmähle, Börtlingen: 12, 22, 23, 29, 48, 50 (unten), 53 (unten), 56 (oben), 57, 59 (rechts)
Tourist Information Göppingen: 7, 18, 19, 49, 50 (oben), 51 (oben links und rechts), 61
Erhard Hehl, Tiefenbronn: 46
Stadt Heidenheim: 40, 43
Stadt Herbrechtingen: 38, 39, 42
Dr. Uwe Kraus, Scheer: 14, 15, 17, 24, 30, 36, 44, 45, 51 (unten rechts), 54, 55, 56 (unten)
Stadt Lorch: 20, 21
Touristik-Gemeinschaft Schwäbische Alb: 35, 41, 58
Gemeinde Sontheim an der Brenz: 37
Fotostudio Viscom, Schwäbisch Gmünd: 13, 25, 27, 28, 34, 59 (links), 60